六車由実
Muguruma Yumi

人身御供《ひとみごくう》の民俗学

新装版

神、人を喰う

新曜社

神、人を喰う——目次

はじめに　9

序章　「人身御供」はどのように論じ得るか……25

一　柳田の供犠論の揺らぎ　25
二　供犠論前史——モースの食人説をめぐる明治期の知識人たちの論法　29
三　大正期の供犠論の展開——皇居の「人柱」事件から　35
1　事件の経緯　35
2　『中央史壇』を中心にした供犠論の展開　39
3　昭和期の沈黙　45
四　己れの歴史として　46

第一章　「人身御供の祭」という語りと暴力……49

一　問題の所在——近代知識人の道徳意識と人身御供　49
二　近世の儺追祭と「人身御供の祭」というレッテル　58
1　近世知識人による「人身御供の祭」の記述　59
2　近世の儺追祭の様相——恐怖と緊張の現場　64

三　祭祀改変と「人身御供の祭」　73
1　尾張藩の知識人による対応とその変容　73
2　神官による説明体系の転換　82
3　村人たちによる「人身御供の祭」という語りの受容　90
四　「人身御供の祭」の行方と祭における暴力　94
1　祭祀改変という事態がもたらした祭の現場の変動　94
2　反復される暴力と公権力による統制、そして人身御供の語り　99
第二章　祭における「性」と「食」……103
一　問題の所在——儺追祭のケースを振り返って　103
二　人身御供祭祀の諸相——「人身御供」に擬された女性が登場する祭　109
三　人身御供祭祀と巫女との関わり——上井説への疑問　114
四　「神の性的奉仕者」から「神の食べ物」へ——祭における「性」と「食」の関係　123
五　「犯す神」と「喰らう神」——根源的な暴力への期待　137
第三章　人身御供と殺生罪業観……147
一　葛・諏訪神社の供養塚　147

二　人から獣、そして魚へ――殺生罪業観の浸透　150
三　殺生の罪の緩和と「人身御供譚」　160

第四章　人形御供と稲作農耕……166

一　問題の設定　166
二　人形御供の諸相　169
1　八尾市恩智神社の御供所神事　169
2　奈良市西九条町倭文神社の蛇祭　171
3　大津市下坂本の両社神社・酒井神社の「おこぼまつり」　175
4　草津市下笠の老杉神社のオコナイ　179
三　人形御供の祭における役割　184
四　村落組織としての宮座との関係　187
五　人形御供の発生について　190
1　宮座の祭の展開から　190
2　稲作農耕の発展と殺生罪業観の浸透から　196

終章　人柱・人身御供・イケニエ……202

一　人身御供譚は暴力排除の物語なのか――赤坂憲雄の人身御供論への疑問から　202
二　人柱と人身御供　207
三　イケニエの置き換え　218
四　神を喰うこと／神に喰われること　224
五　失われた生の実感を求めて　230

注　238
引用・参考文献　255
あとがき　264
初出一覧　269
索引　273
新装版へのあとがき　274

装幀――難波園子

はじめに

一

神と人とが交歓／交感しあう聖なる場所に血なまぐさい獣の肉が供えられる光景を目の当たりにしたとき、私たちは一瞬のたじろぎも感じることなく平静に振舞うことができるだろうか。

例えば、宮崎県の銀鏡《しろみ》神社の例祭では、毎年捕れたばかりの数十頭の猪の頭が猟師から奉納され、まだ血の滴るそれらの猪頭が並ぶ外神屋《そとこうや》で、夜通し神楽が舞われる。牙を剥き、鼻先を漆黒の空に向かって突き出した猪頭の群れが暗闇のなかで淡く照らし出される様子は何とも生々しい。誤解を恐れずに私の正直な気持を吐露すれば、初めてそれを目にしたときはその不気味さに身震いを覚えた。

また、千葉県の香取神宮で行なわれる大饗祭《だいきょうさい》には、聖護院大根の上に鴨を飛び立つ姿に飾りつけた「鴨羽盛《かもはもり》」が供えられる。神官たちが指先を血に染めながら行なう神饌殿での鴨の解体シーンは、鼻をつんと突く血の生臭い匂いや、骨を砕くときのバキバキッと響く鈍い音とともに、私の五感に今でも強烈に印象づけられている〔写真1〕。

さらにまた、信州諏訪上社の前宮では、毎年四月一五日に「御頭祭《おんとうさい》」という神事が行なわれる。今でこそ剥製の鹿頭を用いているが、かつては、祭殿となる十間廊《じっけんろう》に、各地から奉納された七五頭の鹿の生首が並べられる血なまぐさい祭であった。

茅野市神長官守矢史料館には、天明四（一七八四）年に諏訪を訪れた菅江真澄《すがえますみ》の絵をもとに、近世以前の御頭祭の供物が再現されている〔写真2〕。それによれば、鹿頭のほか、猪・兎の肉や、鹿・猪の皮を焼いたもの、鹿肉と脳味噌の和《あ》え物（脳和）などの豪快な御馳走が供えられていたことがわかる。なかでもひときわ目を引くのは、兎の串刺だ。白い兎が尻から頭部にかけて太い木串で射貫かれている。そしてさらに、その木串は木桶に満たした稲籾のなかに刺し込んであるのだ。おそらくこの稲籾には、木串を伝って流れ出した兎の真っ赤な血が染み込んでいたに違いない。すなわち、ここには、獣の血によって稲の成育が促されるという古代の血に対する呪力信仰（『播磨国風土記』讃容郡条）が生き続けていたと言えよう。

以上のように、獣の肉や血を、神聖な神祭の場を穢すものとして排除するのではなく、むしろ最も重要な要素として積極的に取り入れた祭が、かつては日本でも各地で行なわれていたのである。

それにしても、現代の都会育ちの人間の意表をつく血なまぐさい祭の現場に身を置いたとき、私たちが、思いがけずうろたえ、違和感や嫌悪感をおぼえてしまうのはなぜだろう。

◀写真1　香取神宮大饗祭
（鴨羽盛の調製）
▼写真2　御頭祭の供物の
展示

そうした狼狽や嫌悪の気持は、これらの祭を紹介するガイドブックが常套句としてもちいる「日本の奇祭」とか「野性味溢れる祭」、あるいは「稲作以前の狩猟祭祀の伝統を残す祭」といった型にはまった解説で納得させられるものではない。これら血のほとばしる獣の肉によって神を饗応する祭が、米や酒や魚を神饌として供える平穏な祭の光景に慣れ親しんだ現在の多くの日本人にとって、異様で、暴力的な祭として認識される背景には、もう少し複雑で多様な側面が隠されているにちがいない。

ところで、このような異様で暴力的な祭のシーンを思い浮かべると、私は、すぐさま「人身御供《ひとみごくう》」の祭のことを連想してしまう。

説話や昔話に登場するおなじみの語り口によれば、村の家から毎年一人ずつ若い娘を狒々《ひひ》や猿、あるいは大蛇といった邪神にイケニエ（生贄）として供える風習があって、祭の当日、獰猛な顔つきの狒々などが舌なめずりしながら、イケニエとなったか弱い娘を俎の上で切り刻んで貪り喰おうとする様子が、こと細かく語られるのである。神に対する捧げものが、銀鏡や諏訪では猪や鹿で、人身御供の話では若い娘だという違いはあるが、どちらもそれは神様がもっとも好む食べ物であると思われている点において、深い関係があると言わなければならない。

この関係について、ある人は、人身御供の物語は実際に行なわれていた動物のイケニエ祭が説話として誇張されたものだと言い、別の人は、もともと人がイケニエになっていたものが、仏教の影響や倫理観の発達によって、人から動物へとイケニエの対象が変化したのだと言う。そのどちらが正しいのかを確かめるすべは、もうない。

が、思うに、人身御供の物語を耳にしたとき私たちが感じる恐ろしさ、うとましさといったものは、自分も何か得体の知れない獰猛な存在に喰われてしまうかもしれない、という恐怖心から来ているようである。銀鏡や諏訪の動物のイケニエを目にしたときの狼狽の気持も、自分がどこかで「喰われる」存在でもあることに無意識のうちに気づいているからではないか、と思うのである。

ただ、一般的には、銀鏡や諏訪の祭における違和感・嫌悪感の背景には、その底流に近代以前の日本の長い歴史が醸成してきた肉食に対する不浄観や罪業観念があると説明される。確かにそうした背景があることは否定できないが、むしろここでは、もっと根源的に、私たちが何ものかの「食べ物」として喰われてしまうかもしれないという恐怖のほうに目を向けてみたい。獣肉食の残虐性やそれに対する違和感よりも、その奥に存在する、この私も「喰われる」存在になりうるという想像力の領域にまで視野を拡大し、問題を立ててみたいのである。

銀鏡や諏訪での経験は、まず私に、そういう意味での人身御供の物語との連想を呼び起こし、「喰われる」という恐怖の奥底に何があるかを知ってみたいと強く思わせたのである。

二

人身御供譚とは、人を神の食べ物として犠牲にする物語である。そこには、美しい娘や幼子が無残にも神に貪り食われる様子がリアルに描かれている。いったい、人々はなぜそのような恐ろしい物語を伝承してきたのか。そして、なぜ祭の度ごとにそうした物語の悲劇的な場面が想起され、再現されなければならなかったのか。

本書は、そうした血なまぐさい「人身御供の語り」がその由来譚として伝承される祭（これを「人身御供祭祀」と呼ぶことにする）の分析を通して、祭に要請される「暴力」とその意味を中心に考えてみたい。

ところで、日本には各地に人身御供譚の伝承される祭が数多く見られるが、現在、民俗学において、人身御供が研究の中心的テーマとして議論されることはほとんどないと言っていい。もちろん、時には、古代の祭の様子を知るための材料とされたり、神話や説話のモチーフとして構造分析の対象にされたりすることはある。しかし、それらは、人が切り刻まれて神の食べ物とされるといった人身御供のもつ衝撃性を受け止め、いったいなぜそのようなショッキングな物語が祭に伝承されているのかということを正面から論じるものではない。いったいなぜ人身御供という問題は、民俗研究から敬遠されてしまうのか。

文化人類学者の春日直樹は、フィジーの食人習俗をめぐる従来の研究、例えば、食人を構造分析の対象にしたり、聖体拝領と比較したりする研究に対して、それらは強力な暴力性のつきまとう「食人」という現象を、人類学者の共同体に了解可能になるように「毒抜き」する行為に他ならない、と痛烈に批判している〔春日　一九九八　三八一頁〕。すなわち、食人の分析とは、「現象の生臭さから何とか理屈をつけて距離を置こうとするあがき」〔春日 一九九八 三八四頁〕であり、それによって食人という現象の本性への探求が浅薄化してしまっているというのである。この春日の言葉を援用するなら、現在の民俗学における人身御供の扱いも、それに触れることによって必然的に生じるはずの恐ろしさやおぞましさといった負の感情を昇華して、当り障りのない題材に仕立て上げる「毒抜き」の議論だとは言えないだろうか。また、そうであれば、中村生雄が、「それを論じる当事者の道徳意識や宗教的信条を映し出す鏡のごとき性格」〔中村 二〇〇一 二五四頁〕をもつものだと指摘するように、人身御供という問題それ自体が、研究者自身の倫理観に直結してしまう危険性を常に孕む強い「毒」を発するものであり、だからこそそうした「毒」を緩和せずに扱うというのは非常に困難であると考えることもできよう。

三

また、その問題は、従来の文化人類学や宗教学における「供儀《くぎ》」という概念の扱い方にも関係している。

「供犠」をどう解釈するかについては、モースとユベールの古典的な見解〔モース／ユベール 一九八三〕から近年のジラールの暴力論〔ジラール 一九八二〕にいたるまで、多種多様な見解が提出されてきており、単純に要約することは不可能である。さしあたって標準的な理解と思われるものを『文化人類学事典』（弘文堂）を参照して記せば、「供犠」とは、「動物などを儀礼的に屠殺し、これを神霊その他に捧げる行為。英語の sacrifice は、ラテン語の sacer+facere すなわち〝聖なるものにする〟に由来し、日本語では生贄・犠牲に当たる」ということである。したがって、動物を殺害し神に捧げる「動物供犠」は、祭のなかで行なわれる、まさに儀礼的暴力だということになるだろう。

例えば、エヴァンズ＝プリチャードは有名な『ヌアー族の宗教』のなかで、アフリカのヌアー族の間で行なわれる供犠では、祀り手が右手で牛の背中に灰をこすりつける聖別の儀式が行なわれることから、それを「贖罪のための供犠」として解釈している〔エバンズ＝プリチャード 一九九五 一七六頁〕。つまり、彼は、この行為は人間と供犠動物（牛）との同一視を表わしており、その動物は人間の身代わりとして殺害される、というのだ。この解釈に対する賛否はさまざまであろうが、ここではとりあえずこれに従っておくと、動物供犠とは、本来人間に向けられるべき暴力が、身代わりとなる動物に向けて行使されることによって、人間の身体の安全の確保や人間社会の秩序の更新を図る儀礼であることになる。

また、最近の研究では、田辺繁治が、北タイで守護霊を供養するために行なう動物の供犠について、次のような解釈を示している。つまり、動物供犠とは儀礼的暴力によって「動物のもつエネルギーをそこなうことなく食物に変換」する行為であり、「本来両義的である精霊は、供犠によって変換された力を消費することによって満足して馴化され、人間世界の領域にとりこまれる」〔田辺

一九九八　一一三頁〕のであるとする。したがって、「供犠の儀礼的暴力は、精霊の力を転換することによって野生の力と人間世界とのあいだに断絶をもたらし、その断絶作用によって守護されるべき人間世界の秩序と境界を画定する」〔田辺　一九九八　一一四頁〕というのである。

このように、「贖罪」にしろ、「断絶」にしろ、文化人類学的文脈では、「動物供犠」は、人間社会の秩序を更新するために動物を使って執行される儀礼的暴力として解釈されるのが一般的だ。とすると、このような理解に従えば、日本の祭において神の食べ物とするために行なわれる「動物供犠」もまた、秩序更新のための儀礼的暴力である、ということになるのだろうか。そしてさらに、人身御供の物語が触発するおぞましさや恐ろしさといった負の感情も、儀礼的暴力の文脈において理解され、昇華されてしまうのだろうか。

本書によって、そうした根本的な疑問がどれほど解決できるかわからないが、その問題意識そのものを昇華し毒抜きするような展開にだけは、絶対にしないでおきたいと考えている。では、人身御供という問題の発する「毒そのもの」を、そこに孕まれる感情もまるごとひっくるめて明らかにしていくためには、どのようなアプローチが可能だろうか。

そのために参考とすべきものとして、やはり柳田国男の議論が見落とせない。まず、柳田の人身御供論のうちの最重要のものとして、「ずっと昔の大昔には、祭の度ごとに一人ずつの神主を殺す風習があった」〔柳田　一九一七　二四三〜二四四頁〕というセンセーショナルな仮説を打ち出したことで知られる大正六（一九一七）年の「一目小僧」がある。言うまでもなく、ここで柳田は、一目の妖怪や片眼の神、また一目の魚の伝承を引き合いに出しながら、それらの伝承は、かつての祭の折りに行なわれていた、神の名代《みょうだい》である臨時神主がその聖別のために片目を潰されたり、また最終的には殺されたりした風習の痕跡を示しているのではないかと推論しているのである。

おそらくフレーザーの『金枝篇』における「王殺し」に影響を受けているのであろう、柳田のこの「神主殺し」の議論は、明治四四（一九一一）年の「掛神《かけがみ》の信仰について」の議論とひき合わせてみると、いかに画期的なものであったかがよくわかる。後の本論でも触れるが、「掛神の信仰について」は、宗教学者・加藤玄智が日本において人身御供が実在したと主張したのに対する反論として書かれたものであり、そこで柳田は、「人の肉や血はいずれの時代の思想にてもわが国では決して御馳走にはあらず」〔柳田 一九一一 四八八頁〕と、加藤の人身御供実在説に対する強い拒絶反応を示していたのだ。そして重要なのは、「一目小僧」での柳田が、「掛神の信仰について」における理性を欠いた感情的な反応とはおよそ異なり、あくまでも冷静に人身御供の問題を見据えようとしていることであり、そして、それによって、人身御供の実在性の有無を問題にする実証的な議論の限界を超えて、祭の深層に潜む「神主殺し」という、いわば「根源的な暴力」の問題へと至り着く方法を獲得しているということであろう。

だが、私は、そのように文化人類学的な方法を取り込みながら人身御供研究へのアプローチがなされていく裏で、放棄されたものの大きさを思う。それが、かつて柳田が見せたあの拒絶感や嫌悪感の問題に他ならない。それは、人身御供という問題に遭遇する際に誰もがおぼえるに相違ない率直な感情であり、そうした負の感情こそが、逆説的にいえば、人々が人身御供という物語を伝承し、祭のなかで再現していくための、最も大きな原動力となっていたように思えるからだ。

では、人身御供に対する拒絶感や嫌悪感はいったい何に由来するのだろうか。それこそが、先に述べておいた柳田の議論の展開から抜け落ちていった視点、すなわち「人が（神の）御馳走になる」ということではないかと思われる。実は、柳田が反論を加えた加藤玄智の議論は、必ずしも人身御供が「御馳走」として殺されることを強調していたわけではない。むしろ、加藤は、人身御供の伝承と世界の人身供犠習俗との類似性を指摘しながら、日本においても人が祭の際に犠牲となった（殺された）歴史があると述べているだけである。それを柳田が、「人の御馳走」もしくは「人の贄」の実在説だと「勘違い」したのは、日本において伝承される人身御供の物語が、いずれも人を犠牲にする（殺す）物語ではなく、人を「神の食べ物」に捧げる物語であると、柳田自身が理解していたためであろう。そしてさらに言えば、後の『日本の祭』における「『籠る』ということが祭の本体」であり、そこで「神に上げたのと同じ食物を、末座においてともにたまわるのが、直会《なおらい》であった」（柳田 一九四二 三〇〇頁）という指摘からすると、突き詰めていけば、人身御供の問題は祭の際に人が人を喰らう「カニバリズム」にも直結してしまうことを、柳田が直感的に見抜いていたであろうとも考えられる。

人が神に貪り喰われる。人身御供とはそうした光景を描いたものであるし、現実の祭のなかでは、それは、神の代理となった人が人を喰う、ということである。柳田の加藤説に対する拒絶感は、そうした人の、喰う／喰われるという、最もおぞましく、最も救いがたい暴力的な光景への、そして喰われる者の「痛み」[1]への深く豊かな想像力によるものではなかったか。

「一目小僧」は「神主殺し」という祭のもつ「根源的な暴力」の可能性を予測させはしたが、そうした暴力性を合理的に説明する方法をも提示したことによって、もはやそこから、人身御供という問題の孕むこのような抑制しがたい感情の入り込む余地を奪ってしまったと言える。そうして「毒抜き」され、扱いやすいように仕立てられた議論は、いずれ「根源的な暴力」への関心をも失わせていくだろう。実際、「一目小僧」での「神主殺し」の議論はその後展開されることはなく、むしろ柳田の関心は、人身御供や人柱《ひとばしら》を説話伝承と見なし、そのような話を携えて全国各地を遍歴する職業的伝承者へと向けられていくことになる。

人身御供について考察を始めようとする私たちもまた、合理的な説明体系を獲得しようとすれば、それが同時に、本来それと不可分であるはずの人身御供に孕まれる負の感情を昇華してしまう（「毒抜き」してしまう）ことになるという、柳田の陥ったジレンマを引き受けなければなるまい。そして、そうしたジレンマを乗り越えるための、あるいは乗り越えようと努力するためのおそらく唯一の方法は、人が喰い殺されるという人身御供の光景をいかに豊かに想像し続けるかということであり、また、そうした光景を自分たちの「過去の歴史」として背負う人々の感情へと、いかに近づいていけるかということではないだろうか。そういう意味では、本書全体が、そうしたジレンマを克服するための試論ということになるだろう。

四

以上のような問題関心のもと、本書において、私は、自分の専門とする民俗学の枠組みにとらわれることなく、その方法においても、資料としても、文化人類学、歴史学、考古学、また文学研究など他分野の研究成果を貪欲に取り入れていくつもりだ。

「人身御供祭祀」を論ずるにあたって、そのような重層的・複合的な方法（ある意味では一貫性のない方法かもしれないが）をあえて採用するのは、このテーマ自体がそうした方法を必要としているように思えるからである。言うまでもなく、本書のテーマに関連するものは、民俗学においても、また文学研究、社会学・文化人類学研究においても、それぞれ独自の蓄積と展開を見せてきた。しかし、それら相互の間に必ずしも生産的な議論の土俵ができてこなかったことも事実であって、人身御供に関係する個々のテクストや儀礼は、それぞれの研究者の属する研究領域や理論的な関心によって、大きく揺れ動き、恣意的に解釈されてきたように見える。

とりわけそれは、序章で詳しく検討するように、近代日本の知識人が「自国の文化」として、人身御供に直接間接に関わる「人柱」や「カニバリズム」を扱う際に露骨に現われていた。そのことは、近代日本の知識人たちが好むと好まざるとにかかわらず、この問題を西洋近代文明との対抗関係のなかで設定せざるをえなかったことを示しているだろう。また、学問研究と国家形成とが一体のものであった明治期におけるそのような事情は、つづく大正期・昭和期においては、また別の様相を帯びていく。が、そこにおいてもこのテーマが依然として取扱いのむずかしい、デリケートなテーマであったことに変わりはない。なぜなら、それはつねに、強烈な「毒」を含んだテーマとして、それぞれの時代の知識人たちを悩ませてきたからである。

しかも、人身御供をテーマとする場合の「毒」がもたらす議論のバイアスは、春日の言うとおり、決して戦前期の知識人だけに見られた特異な現象ではないのだ。もちろん現在、この問題に対して「民族の汚点」や「国辱」といった視点を持ち込む論者は存在しないだろう。だが、そのようなナショナルな次元でなくとも、より私的な次元において、この問題が個々の論者の価値観や嗜好に強く影響される題材であることに変わりはない。

序章で取りあげる柳田国男や加藤玄智の発言は、公的でナショナルな立場と私的な価値観や嗜好の両方が、いわば渾然一体となっているところに特徴がある。それは、「人柱」や「カニバリズム」という現象そのものが不快な感覚や生理的な嫌悪を引き起こす特別の意味を持っており、当時第一級の知識人であった彼らにおいてさえ、公式の学問的態度表明とそのような私的な反応とを明確に区別できなかったことを裏書きしているのである。

とすると、人身御供研究において、先述のようにそれぞれの研究者が恣意的に対象を操作し、解釈しているように見えるのは、決して学問研究の専門分野や方法論上の相違ということだけでなく、むしろこのテーマに内在する「毒」の効力によって、研究者それぞれの価値観や嗜好の差があからさまに炙り出されてしまうからだと言えるだろう。

そう考えた場合、本書が試みる「人身御供祭祀論」においても、筆者個人の価値観や嗜好が多かれ少なかれ影響を与えないことはありえない。そうだとすれば、公平で客観的な記述という体裁をとりながら私的な思い入れを盛り込んでしまうよりも、いっそ開き直って、自分の個人的な感覚や経験から出発して、そこからこの問題がどのように見えてくるかを問うほうが重要だと思うのである。

「はじめに」の書き出しで、私自身の具体的な見聞を特に強調してみたのも、それが、巧妙な「毒抜き」論に陥ることを回避するための意思表示として有効だと思うからである。

序章　「人身御供」はどのように論じ得るか

一　柳田の供犠論の揺らぎ

民俗学や文化人類学において、日本における「供犠（人身供犠）」の問題、具体的には「イケニエ（生贄）」「人柱」「食人」などの問題は、どのように論じられてきたのだろうか。

例えば、柳田国男の供犠論としては、大正六（一九一七）年に『東京日日新聞』に連載された「一目小僧」という論考がよく知られている。そこで柳田は、「ずっと昔の大昔には、祭の度ごとに一人ずつの神主を殺す風習があった」（柳田　一九一七　二四三〜二四四頁）という大胆な仮説を打ち出した。すなわち、一目の妖怪や片目の神、また一目の魚の伝承を引き合いに出しながら、それらの伝承は、かつての祭の折りに行なわれていた、神の名代《みょうだい》である臨時神主がその聖別のために片目を潰されたり、また最終的には殺されたりした風習の痕跡を示しているのではないかと指摘したのである。このショッキングな議論の翌年に、さらに柳田は、「農に関する土俗」（柳田　一九一八）を発表し、農耕儀礼と供犠との密接な関係について示唆している。ここで詳しく述べることはしないが、大正期の柳田が、供犠の歴史的実在性を強調し、神と人との関係の深層に横たわる殺伐とした光景をリアルに描き出そうとさまざまな試みをしていたことだけは確認しておきたい。

ただし、こうした柳田の供犠をめぐる議論は、必ずしも一貫しているわけではない。例えば、明治四四（一九一一）年に『仏教史学』一編八号に発表した「掛神の信仰について」での柳田の態度は、「一目小僧」のそれとは明らかに異なっている。この論考は、同年五月発行の『仏教史学』一編二号に掲載された「宗教学と仏教史」のなかで、宗教学者の加藤玄智が、日本において「人身御供」が実在したことを指摘したのに対する反論として書かれたものである。そこで柳田は、「人の肉や血はいずれの時代の思想にてもわが国では決してご馳走にはあらず」と、日本人がそんなおぞましいことをしたはずがないというエスノセントリズムを剥き出しにして、加藤の「人身御供」実在説に対し強い拒絶反応を示していたのだった。

また、昭和二（一九二七）年には、人柱や人身御供について論じた「松王健児の物語」と「人柱と松浦佐用媛」という二つの論考が発表されているが、これらの論考で柳田は、供犠の問題を説話や物語の一構成要素とみなし、そのような話を携えて全国各地を遍歴する座頭や遊女などの職業的伝承者の存在へとその関心を向けている。ここには、「一目小僧」で強調しすぎるほど強調していた人身供犠の歴史的実在性についての関心はもはや完全に欠落している。供犠の問題は、民衆によって想像された神話的フィクションとしてのみ問われるものとなっており、残酷なるものへと向ける眼差しは稀薄になっていると言えよう。

このように柳田の供犠についての議論は、大正期の「一目小僧」をピークにして、それが同一人物によるものか疑わしいほど大きな変調を遂げていることがわかる。いったいこの柳田の議論の変容はどのように理解することができるのか。

それについて、例えば赤坂憲雄は、「一目小僧」から「人柱と松浦佐用媛」への柳田の態度の変化を、大正末期から昭和初期に行なわれた民俗学の方法論的確立の過程と対応させている。すなわち、供犠の問題は、山人論や漂泊民論と同様に、常民を主題とした民俗学には似つかわしくないテーマとして捨て去られたのではないか、というのだ〔赤坂 一九九四 四七〜五〇頁〕。

また、中村生雄は、「一目小僧」と同じ大正六（一九一七）年に、日本の祭祀の深層を解き明かす「玉依姫考」が発表されていたことから、両者の議論には、柳田の学問に飛躍的な厚みとダイナミズムを与えるパースペクティヴがそなわっているとし、これらを柳田の中期の仕事のピークをなすものとして評価する。その上で、大正六年という時期が、供犠論と並行して行なわれていた山人研究のスタイルが実在説から心意現象の問題へと変容していく、ちょうど過渡期に当たることに注目しているのである。すなわち、この時期に、柳田は、自らの民俗学研究のベースを、歴史的事実の側から民衆の心意の側へと根本的に転換する道を選び取ったのであり、それゆえ、柳田の供犠論もまた、「松王健児の物語」や「人柱と松浦佐用媛」のように里人の心意がつくりだしたフィクションに帰せられていくのは当然の成り行きだったというのである〔中村 二〇〇一 二九〇〜二九四頁〕。

このように、赤坂にしろ中村にしろ、「一目小僧」を柳田の供犠論のなかで突出した論考であったと評価した上で、その前後の議論の揺らぎとその終焉を柳田自身の思想的、あるいは学問的展開のなかで理解しようとしている。確かに、その方法は間違っていないし、柳田の思想そのものを考察しようとするときには、あるいは柳田をモデル・ケースにして民俗学の可能性を探ろうとするときには、柳田の供犠論をその学問的特性の問題としてとらえることは必要であるし、そこから導き出された両者の理解に異論を挟む余地はない。

だが、「人身御供」という問題を学問研究の対象としていかに扱えばよいのか、それを実践的に問おうとする私としては、柳田の供犠論の揺らぎを、敢えて当時の社会的な変化のなかに位置づけ、同時代の知識人たちが供犠についてどのような議論を繰り広げていたのかという観点から見直してみたいのである。それによって、あるいは、柳田の他にも、供犠をめぐって揺らぎ、苦悩する者の姿を浮かび上がらせることができるかもしれないし、またそこから、供犠という問題を学問研究として扱うことの可能性と限界がより鮮明に見えてくるのではないか、とも期待しているのだ。(1)

そこで序章では、当時の知識人たちに、供犠の問題をどうとらえるのか、その態度の表明を否応なしに迫った明治・大正期の二つの事件、「モースの食人説」と「皇居の人柱事件」に焦点を当ててみる。予め言っておけば、両者をめぐる当時の知識人たちの議論には、明らかな相違がある。いったい、知識人たちは、それらにどのように対応したのか。そして、その相違は何によるものなのか。

なお、初めに断っておくが、私は、「供犠」という言葉を、人身供犠、人身御供やイケニエ、人柱、食人、さらには殉死、殉葬まで含めた広い概念として用いている。これらの言葉の厳密な規定はこれまであまりなされてきておらず、研究者によってかなり恣意的に使われ、それゆえに相互の関連も曖昧に処理されるきらいがあった。そこで、終章では、そうした問題意識のもとに、人身御供やイケニエ（生贄）、人柱などについての、私なりの概念規定を試みる予定である。が、ここではさしあたって、祭のなかで人を犠牲にする習俗や伝承に対して知識人たちがどのような態度をとってきたのか、それを浮かび上がらせることを目的としているので、細部の違いはひとまず保留して、便宜上、上述の現象全体を一括して「供犠」と呼んで、以下の議論を進めていきたいと思う。

二　供犠論前史――モースの食人説をめぐる明治期の知識人たちの論法

日本の近代化を担う明治の知識人たちに、一つのインパクトを与えたのが、E・S・モースによる食人説であることに異論はないだろう。明治一〇（一八七七）年に東京帝大教授として日本に招かれたモースは、大森貝塚の発掘調査の末に、人類学・考古学に関する日本初の学術論文となる研究報告書〔モース　一八七九ａ〕を東京大学から発行している。そこでモースは、貝塚から発見された人骨が、他の獣の骨と識別できない状態で混在していたことや、ひっかいたり切り込んだりした傷がいちじるしいことなどを有力な根拠として、これを「日本に人喰い人種がいたことを、初めてしめす資料である」〔モース　一八七九a　四九頁〕と主張したのだった。ただし、モースは、「日本民族」の祖先が「人喰い人種」であったとしているのではない。この報告書では明確には述べられていないが、同年に発表された「日本太古の民族の足跡」では、日本人はアイヌなどとの複合民族だとした上で、貝塚を形成し、しかも野蛮な食人風習（カニバリズム）を行なっていたのは、温厚なアイヌではなく、先住民の「プレ・アイヌ」だと述べているのである〔モース　一八七九b　一三六〜一五二頁〕。

これが、その後に巻き起こる日本人種論争に先鞭をつける議論であったことは改めて言うまでもないが、重要なのは、モースの意図がどうであれ、これが日本人＝人喰い人種という説として、当初は受け止められていたということである。例えば、植物学者の白井光太郎は、

日本人の祖先は人肉を食ひし証ありとの説には驚嘆張目せし次第にて、果して吾人の祖先に此風習ありしや否やを審査せんとの憤発心を興起し、介墟の研究に心血を傾注せし〔白井　一九二六　五七頁〕

と、後に、その時に受けた衝撃の大きさを回想している。

また、土佐の民間の考古学者で、『食人風俗考』を出版して食人論者として名を馳せる寺石正路は、明治二一（一八八八）年に『東京人類学会雑誌』四巻四三号に、「食人風習ニ就テ述ブ」とい

う論考を発表しており、そこで、「断じて日本の太古は嘗て食人の風習を有せしとなす」と、日本における食人風習の実在性については認めている。が、一方では、次のようにも述べて、モース説に激しい反論を加えている。

二千年前ハ我国有史時代ニテ其時代ニ食人風習アリタリトスレバ多少之ヲ証明スル口碑ナカル可カラザルニ一モ歴史上紀伝上ニ其痕跡ヲ遺サヾルハ当時全ク風習ノ絶ヘシ事明カナリ乃チ大森介墟ハ絶滅シタル風習ノ偶然再発シタルマデニ過ギズシテ、之ヲ以テ直ニ日本古代食人ノ時代ト認ムルハ実ニ之ニ過ギタル過チハアラザル可シ。〔寺石 一八八八 九一頁〕

一見すると矛盾しているようにも思えるが、寺石は、ここでこう言いたいのだ。食人の風習は神武以前のことであって、日本国が始まって以降はそんな野蛮な習俗が行なわれていたはずがない。だから、食人は、神武東征によって征服されたまつろわぬ人々の風習である、と。寺石がモース説を日本人の祖先＝人喰い人種説と「勘違い」し、それを否定していたのにもかかわらず、結局結論的には、食人という蛮習の担い手を現代の日本人とは隔絶した先住民としているところに、当時の知識人たちの屈折した反応を見ることができよう。

さらに、このような食人習俗を日本の先住民の特徴だとする見方は、日本人種論においてより如実に現われてくる。明治期の日本人種論は石器時代人がいかなる「人種」かということを解明することにその論点があり、伝説上のコロボックルとするか、あるいはアイヌとするか、大別すればその二つの説の間で論争を戦わせていたのだ。が、注目すべきことは、その議論のなかでむしろモースの食人説は積極的に肯定されるようになっていく、ということである。すなわち、貝塚遺跡に見られるとする食人習俗の痕跡は、石器時代人を特徴づける重要な要素と見なされ、積極的にその議論に組み込まれていくのである。

例えば、コロボックル説を主張していた人類学者の坪井正五郎は、『風俗画報』に連載した「コロボックル風俗考」で、貝塚の遺物の分析から、コロボックルが何を食べていたのか、その食習について述べている。そこにはコロボックルの食べ物として、魚介類の他、クジラ、イノシシ、シカなどの哺乳類に並べて「ひと」が挙げられている。そして、坪井はこう結論づけている。

コロボックルは我々日本人は勿論アイヌも恐れ嫌ふ可き食人の風習を有せし人民にして、其性質日本人及ひアイヌとは大いに異りたるものと云ふ可きなり。〔坪井 一八九五 六九頁〕

つまり、食人は、先住民であるコロボックルが日本人ともアイヌとも異なる野蛮な人種であることを特徴づける習俗と見なされているのである。

一方、坪井の弟子でありながらコロボックル説を批判し、アイヌ説の立場をとっていた鳥居龍蔵もまた、モースの食人説に対しては肯定的であった。例えば、『東京人類学会雑誌』一四巻一五六号掲載の「常陸吹上貝塚より発見の人類大腿骨に就て」〔鳥居 一八九九〕では、モース説を引きながら、日本の石器時代人（「貝塚積成人種」）に食人風習があったことは、大森貝塚だけではなく日本の他の貝塚から発掘される遺物によっても証明できるとしている。このようにコロボックル説にしろアイヌ説にしろ、食人習俗の有無が、日本人と石器時代人とを明確に分かつ指標とされている点では全く違いはないと言えるだろう。

当初日本の知識人たちを驚愕させたモースの食人説は、日本人種論の展開のなかで、このような形で受け入れられていったことがわかる。冨山一郎が指摘するように、当時の人類学における日本人種論では、自分たちとは何かとは直接的には問いかけられない。むしろ、それは、彼らは何者なのかという様式をとることによって、日本人という自己を表出しようという営みだったのである〔冨山 一九九四 三七〜四五頁〕。そこで「彼ら」として、領土内における他者、つまりアイヌやコロボックルが取り上げられ、彼らと日本の石器時代人との同一性が強調されていく。モースによって発見された日本における食人習俗は、そこにおいて、日本人の文明性を際立たせるために必要な他者の未開性を最も端的に、また印象深くあらわす記号として利用されていくのだ。

そういう意味で言えば、人身御供や食人習俗の歴史的実在性を全く認めず、それを肯定する加藤玄智の説に対して感情あらわに拒絶した柳田の反応や、また、柳田と加藤との論争を受けて「人身御供論」〔高木 一九一三〕を執筆し、そこでさまざまな材料を駆使しながら人身御供が「空想的産物」であることを証明しようとした高木敏雄の反応は、とてもナイーブなものだったと言えるかもしれない。同時代の知識人たちの多くは、モースの食人説に対する対応と同様に、むしろ人身供犠の問題を、日本人の優秀性を強調するための道具として利用していたのである。実際、柳田や高木による批判の的となる「宗教学と仏教史」のなかで加藤玄智は、人身御供の実在性を強調する自らのスタンスをこう説明していた。

つまり仏教思想を以つて残酷なる人身供犠の不倫な所以を教へて、次第に之を止めるやうにして来たと云ふ事を示しておるのであります。ここにも仏教の倫理思想が如何程吾国の道徳に影響しておつたかと云ふ事を知る事が出来るのであります。〔加藤 一九一一 五七頁〕

要するに、加藤は、日本の古代に人身供犠が行なわれていたことを明らかにすることによって、そうした残酷な習俗を廃絶させた日本における仏教の倫理的感化力を示そうとしていたのである。ここには、坪井や鳥居などによる日本人種論と同じ構造を見て取ることができるはずだ。確かに日本人種論では、日本人の祖先による食人は決して肯定されることはない。食人はあくまでも野蛮で未開な他者（アイヌ、コロボックル）の習俗であって、それと対比させることによって、平和で優秀な日本人の姿をよりいっそう強調するという論法がとられていた。一方、日本人の祖先によって人身供犠が行なわれていたことを指摘する加藤の場合も、それは克服された過去の蛮習、すなわち文明開化した現在とは隔絶した過去（他者）の問題としてのみ描かれているのである。

明治期の知識人たちにとっては、アジアの辺境の弱小国である日本がいかに独立を維持し、欧米列強と対等な文明を開化させることができるのかということが共通の課題だったのであり、彼らによる食人や供犠の問題の議論は、そうした時代の要請に応える形でなされたものであったと言えよう。そして、そこでは供犠という問題が、「日本人がそんな残酷なことをしたはずがない」と拒絶される一方で、ナショナリズムを発現させる恰好の材料として利用されていたのだ。

三　大正期の供犠論の展開――皇居の「人柱」事件から

このように明治期の供犠論が、供犠そのものについて言及されることはなく、ナショナリズムの道具として利用されていたのに対して、大正期に入るとそれが大きく変貌を遂げることになる。結論を先取りして言えば、柳田が「一目小僧」において人間社会の深部をえぐりだすように秀逸な供犠論を展開したのと同様に、この時期、さまざまな研究者が独自の供犠解釈を試みていたのである。それが最も顕著に見られるのは、大正一四年に皇居で発生した「人柱」事件であった。

1　事件の経緯

まず簡単に、この事件の経緯を追っておきたい。

大正一四（一九二五）年六月二四日、『東京日日新聞』朝刊に、「宮城二重櫓の地下から立姿の四

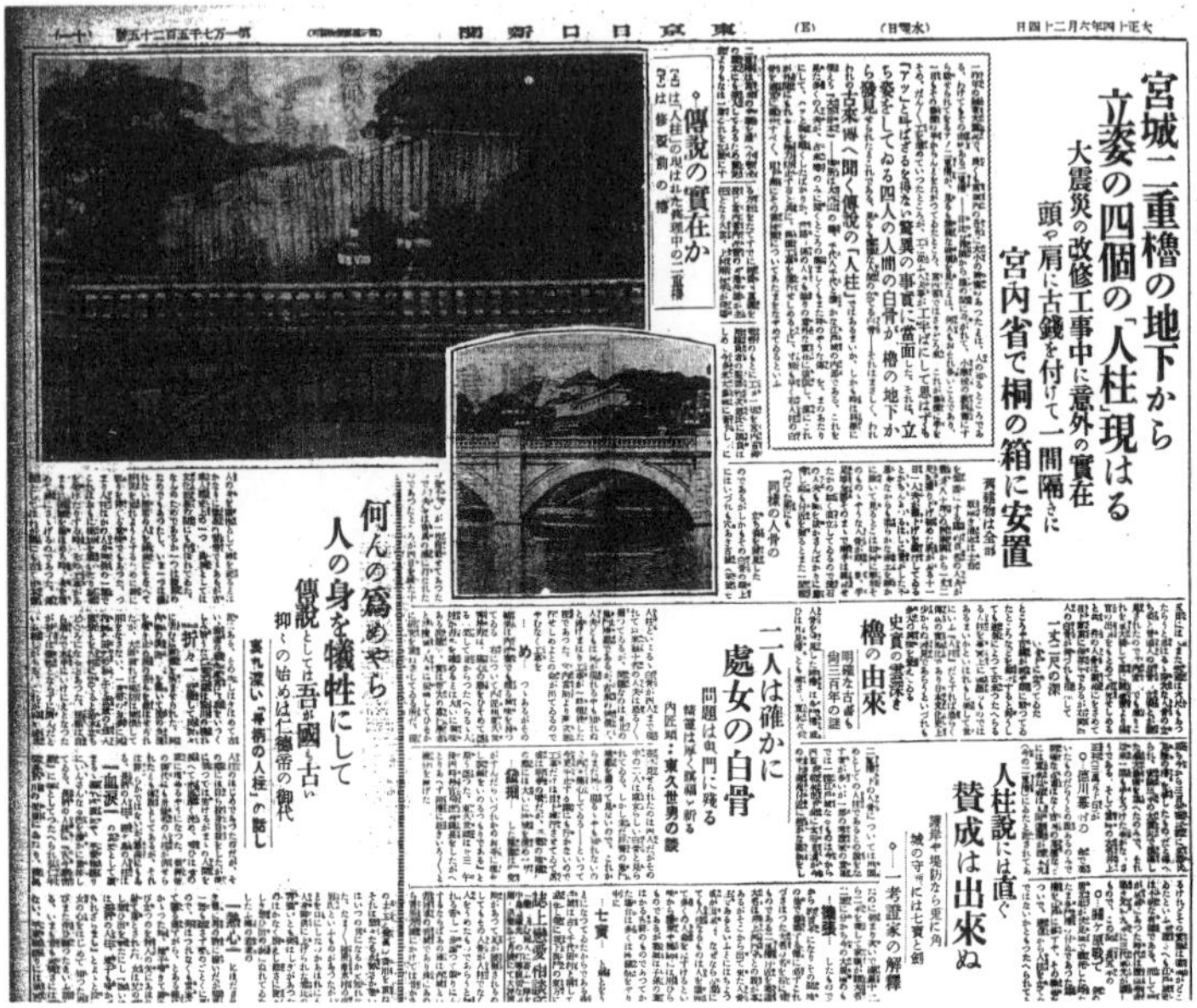

図１　『東京日日新聞』大正14年６月24日付け紙面

個の『人柱』現はる」というショッキングな見出しの記事が掲載された（図1）。その内容は、こういうものである。

大正一二年の関東大震災で倒壊した皇居の二重櫓《やぐら》の改修工事中に、工事に携わっていた人夫のつるはしがカチンという音をたてて何かにぶつかった。これは何かと思って人夫がそこの赤土を取り除いてみた。すると、「こは如何に、彫刻そのもの、やうな人骨が頭、胴、手足等全部そのまゝで両手は組合せたかの如く直立してゐるので、流石の人夫も腰を抜かさんばかりに驚愕し」たというのだ。付近を掘り下げると一定の間隔をおいて何体もの人骨が同様の「立ち姿」で埋まっているではないか。しかも、それらの人骨の頭の上には、古銭が一枚ずつ載せられている。いったいこれらは何か？「迷信によつて古来つたへらるる人柱を事実上に物語るものではあるまいか」ということで、宮内省でもこれを重大視して、直ちに諸陵寮（陵墓関係の事務を司る行政機関。戦後、宮内庁書陵部に引き継がれる）より係官の出張をもとめて研究を始めた、というのである。

人骨はその後も続々と新たに発掘され、六月二九日には一六体を数えるまでに至る。これらは本当に「人柱」なのか？ 読者の関心を煽るかのように、新聞各紙の紙面は連日この「人柱」事件の記事で埋められていく。この問題を最も大きく、一面を使って報道したのは『東京日日新聞』だったが、その他にも、既に明治四四（一九一一）年にこの『東京日日新聞』と合併していた『大阪毎日新聞』でも、「東京発」として『東京日日新聞』とほぼ同様の記事が連日掲載されている。また、『万朝報』でもこの事件が大きく扱われ、「死して江戸城を守る 健気な武士の人柱」（六月二四日）や「血気さかんな若者の骨か」（六月二五日）といった見出しで、読者の好奇心を刺激していたし、『読売新聞』には、「不気味な白骨にビク〳〵ものの女官たち」（六月二七日）といったゴシップ的な記事も掲載されたのである。[2]

こうして世間の関心が高まる一方で、二重櫓の工事を管轄していた宮内省は、東京帝大教授の黒板勝美に、この人骨の調査を全面的に依嘱する。なぜ黒板に依嘱されたのかは明らかではないが、おそらく、大正一三（一九二四）年に臨時御歴代史実考査委員会の委員に任命されたり、また震災で破壊された帝室博物館の復興に中心的に関わったりなど、[3] 黒板が皇室と深い関わりのある位置にいたことが一つの要因になっているに違いない。そうして黒板は、六月二九日に現場に赴き、人骨を発見した人夫などからの聴取や実地見聞をたった一時間半程度行なっただけで、次のような見解を表明した。

伝説にある人柱か否かについては軽々しく意見を発言しかねるが、江戸城はあれだけの大工事の当時は勿論今日の如き文明的な工具もなかつた為相当に怪我人も出たであらうと思はれる。しかもそれ等の殉難者は築城工事の功労者であるゆゑ、彼れ等の気持ちを尊ふと共に一面において城を守らしめる意味から埋没したものであらうと想像する。そして白骨の歯は何づれも壮年であるのと二三の土器破片を発見した点から考へると追善を行つてその冥福を祈つたものではあるまいか[4]（傍点引用者）

人骨は築城工事の際に死んだ者を埋めたものである、とするこの黒板の人柱否定説が発表されると、宮内省は直ちに、発掘された人骨の供養を芝の増上寺で行ない[5]、公的調査の一切を終了してしまう。この宮内省の速やかな対応には、天皇の住まう皇居という聖域に起こったこの事件に早々に決着をつけ、人柱だとして盛り上がる世間のムードを沈静化させたいとする意図があったことは容易に想像できよう。

しかし、そうした宮内省の意図に反して、社会は人柱説にさらなる関心を抱いていく。例えば、増上寺で人骨の供養が営まれた日の翌日、丸の内の商工奨励館にて、この人柱事件に関する東京日日新聞主催の講演会が開催されている。講師は、帝大資料編纂室の鷲尾順敬、東北帝大教授の大類伸、東京帝大助教授の加藤玄智といった錚々たるメンバーで、それぞれの立場から今回発見された人骨についての議論を展開させ、会場は満員の盛況と拍手喝采だったと、七月四日付の『東京日日新聞』の記事は伝えている。

2 『中央史壇』を中心にした供犠論の展開

人骨は、人柱か否か？　人々の関心を受けるようにして、知識人たちはこの問題について活発な論戦を繰り広げていく。この年の八月には、雄山閣内に設けられた国史講習会発行による『中央史壇』において、「生類犠牲研究」と題する特集まで組まれている。

例えば、その巻頭を飾る歴史学者・喜田貞吉の論考「人身御供と人柱」では、いわば予定調和的に下された黒板勝美の見解の矛盾が次のように批判されている。

> 或は傷死者の多かつたといふ記録によつて、それを其のまゝ其の場所に埋めたといふならば、是は直ちに其の死者を人柱に応用したものと解せねばならぬ。何となれば、死体は不浄として忌避されたものであつた。随つてそれを単に埋葬の意味を以て神聖なるべき建築物の下に埋めらるべき筈はあるまじき事である。たゞそれを地神に捧げ、或はそれを城櫓の永き守りとな

すと想像する場合に於てのみ、其の埋葬の理由が肯定せられるのである。然らばそれは直ちに人柱でなくて何であらう。併しそれが既に人柱である以上、たま〱生じたあり合わせの死体をそれに応用するといふ事は、神に対する誠意を披瀝する意味に於て如何であろう。永代を期する此の大城郭の築造に於て、そんな所謂間に合わせが行はれたとは信ぜられない。〔喜田 一九二五　八～九頁。傍点引用者〕

改めて黒板の発言を見てみると、彼が「それ等の殉難者は築城工事の功労者であるゆゑ、彼れ等の気持ちを尊ふと共に一面において城を守らしめる意味から埋没したものであらうと想像する」という微妙な表現をしていたことに気づくはずだ。つまり、黒板は、人柱ではないとしながらも、築城の成就のために、あるいは城の永遠の守りのために死者の遺体を用いるというその呪術的習俗の存在については、必ずしも否定していなかったのである。しかし、喜田は、そこにこそ矛盾があると指摘している。すなわち、築城の安全を祈願するのであれば、偶然事故死した人間の死体で間に合わせたりするだろうか、もっと大きな犠牲を払ってこそ祈願が成就すると考えられたのではないか、というのである。

この喜田の指摘は、供犠の問題を考える上で大変重要であろう。例えば、安居院の『神道集』に収められた長柄《ながら》の人柱の説話でも、「白布で膝の破れを繕った浅黄の袴を履いた者を人柱とすればよい」と言ったばかりに、自らが人柱にされてしまう不運な男は、生きたまま橋柱に結わえられて沈められてしまう。また、『今昔物語集』のイケニエ譚で、美作《みまさか》の中山神社の猿神のイケニエになる娘は、一年間養われ肥やされた上で、まさに生きたまま神前に捧げられるのである。つまり、人々が長い間語り継いできた物語では、イケニエとなる者は、その目的のために捕えられ、「生きたまま」犠牲として捧げられるのが常なのだ。

黒板は、いったいなぜあのような曖昧な表現をしたのだろうか。人柱説を支持する当時の世相に配慮したためであろうか。しかし、そこには、人柱という問題の核心、すなわち、生きた者を犠牲にするということの残酷性が巧みに切り捨てられている。喜田は、そうした黒板説の「ごまかし」を鋭く見抜いているのだ。

ところで、ここで注目されるのは、喜田が、黒板説への批判によって日本における人柱の実在性を指摘するにとどまらず、さらに、人柱という習俗のもつ文化的な意味について考察を広げようとしている点である。そうした姿勢は、例えば、この事件に関して六月二五日付『東京日日新聞』に寄せた、加藤玄智の次のようなコメントにも見ることができる。

人柱並びに人身御供の研究家として知られてゐる帝大助教授文学博士加藤玄智氏は語る「二重櫓の人柱、それはありさうな事実であらうが、惜しいことに私にはその真否を確かめる資料と研究がない。しかし昔から古書や口碑伝説などにつたはるこの人身御供や人柱説を荒唐無稽として一笑に付する学者もあるが、私は事実あつたと確信する。（中略）特に大名が築城の際など要害堅固の上にも堅固を期したので難工事の際など神秘的な人身御供即ち人柱の事実などが秘密裡に行はれたことなどは想像に難くはない。封建時代の忠義一徹から死して護国の鬼となることを家門の誉れと心得た時代だから、私は二重櫓の人柱もすぐにそれと思ひ合され、興味ある研究問題だと確信してゐる。出来ることなら現場を取り調べて参考に資したい考へである。」（傍点引用者）

「人柱並びに人身御供の研究家」と冠されているのは、加藤が既に明治四四（一九一一）年に『仏教史学』で人身御供の実在説を展開していたことによると思われるが、しかし今回の加藤は、仏教の感化力を証明することに主眼を置いてはない。むしろ、江戸時代という近接した過去に人柱が行なわれていた可能性を率直に認め、それに対する学問研究の必要性を説いている。

供犠の問題は、もはや、明治期のように他者あるいは過去の未開性を象徴する記号としては扱われない。知識人たちの関心は、この事件を契機にして、日本の文化において供犠がどのような意味をもつのか、ということに向けられていくのである。『中央史壇』のこの生類犠牲の特集号では、そうした関心のもとに、殉葬や人身供犠や食人、動物供犠といったイケニエに関わるさまざまなテーマが幅広く取り上げられ、歴史学、考古学、民俗学、宗教学などの専門家が活発な議論を繰り広げている点でたいへん興味深い。

例えば、中山太郎の「人身御供の資料としての『おなり女』伝説」（中山 一九二五）は、古代日本の農耕儀礼における人身供犠の問題を論じた卓越した論考である。既に柳田が、「農に関する土俗」（柳田 一九一八）で、オナリとかウナリと呼ばれる早乙女《さおとめ》が田植えの日に死んだとする伝承から、そこに「太古の殺伐な儀式の痕跡」を読み取っており、中山もこれを参考にしていることは明らかである。しかし、中山はそれを受けたうえで、単に人身供犠の実在性を強調することにとどまらず、古代の農耕儀礼では人身の供犠が非常に重要な役割を果たしていたということを、論理的に説明しようとしている。

中山は、フレーザーを引用しながら、こう説明する。農耕技術の未熟な古代の社会においては、農作物の豊凶が直ちに共同体の生存へと直結していた。特に穀物は重要な作物だったから、人々は穀物を即ち神と考えた。したがって、穀物を刈り取る行為は、穀神を殺すことと想像され、新しい発芽と繁茂が促されるには、穀物神が殺されることが重要であった。そこから、『古事記』にある保食神が殺されるという神話が生まれ、また、実際の儀礼においては、穀神の代理である女を殺して犠牲に供えることが行なわれた。オナリの伝承は、そうした儀礼が伝説化したものである、というのだ。

フレーザーの『金枝篇』での穀神論に全面的に拠っているとはいえ、この時期に、既に農耕と供犠との密接な関係が明快に論じられていることに、私は新鮮な驚きを感じる。特に、ここで中山が指摘している、殺される女性が「穀神の代理」、すなわち神の祭り手（巫女）であるという点は、第二章でも論じるように、日本の祭祀と供犠との関係を考える上でおそらく重要な論点であるし、現在の研究においてもいまだ十分な議論がなされているとはいいがたい。

また、古墳時代の遺物の研究で有名な後藤守一が「上代に於ける殉葬の風について」のなかで、日本の古代に殉葬が行なわれていた可能性を説いているのも興味深い。殉葬とは、王や夫の死にともない、臣下や妻が生きたまま死者とともに墓に埋められるという習俗である。後藤は、「我が古墳は、学者の規模の下に発掘せられた場合が殆んどない。随つて古墳発掘遺物そのものから、古代の殉葬を推知し得る迄には行かない」と断りながらも、フィジー人やアメリカ・インディアン、モンゴルなどの「未開社会」での事例を挙げながら、次のように述べている。すなわち、「日本民族」の周囲の諸民族に殉葬の風習が盛んであるのに、「日本民族」のみ独り特別にその風習が行なわれていなかったなどと断じることは決してできない、と〔後藤 一九二五 三六頁〕。

考古学的な資料による論証がされているわけではないが、考古学者である後藤が既にこの時期にこうした指摘をしていたことは注目に値する。というのも、日本における殉葬の問題は、考古学界では松井章らによって最近になってようやく本格的な調査研究が始められたばかりだから[6]〔松井・神谷 一九九四〕。

このように「人柱」事件を契機にして組まれた『中央史壇』の「生類犠牲研究」の特集では、イケニエを日本という己れの歴史の問題としてとらえ、それを日本文化のなかでどう位置づけるかというさまざまな試みがなされており、そこに展開された議論は、現在の研究にも通用するほど成熟したものだったことがわかる。これは、近代化という目標を達成し、デモクラシーへの意識が芽生えた大正という時代の気運によって生み出された一つの学問的状況であったと考えていいだろう。

3 昭和期の沈黙

しかし、こうした供犠という問題に対する知識人たちの知的関心は、その後継続されていくことはない。というのも、大正期にあれほど活発な議論が展開されていたのにもかかわらず、昭和に入ると供犠に関して論じられた論考はほとんど見られなくなるのであり、むしろその関心の対象からはずされていくと言えるのである。

例えば、昭和九（一九三四）年九月に、皇居の坂下門近くから五体の人骨が古銭とともに発見されるという事件が再び起こるが、これに対する知識人の対応も、また社会の反応も大正期とは全く異なっている。当然このとき、一〇年前の「人柱」事件が人々の脳裏によみがえったはずなのだが、そのときのように新聞に大々的に報道されることも、また「人柱」として騒がれることもほとんどなかったのだ。そして、さらに、後藤守一は、九月二六日付『東京日日新聞』に、これに関して次のようなコメントを寄せているのである。

白骨は何れも中年の男と推定した。歯や一束の頭の毛などから想像してです。時代は銭によつて太田道灌時代のものらしい。砂地の下のじめ〳〵した場所の点から昔の沼地か、濠底だらうと思ふ。人骨は頭を揃へてゐない、中にはうつむきのものもあつて埋葬のときほうり込んだのではないかと思はれる。

これは、大正一四（一九二五）年に殉葬の実在性を積極的に説いていたときの後藤の態度とは明らかに異なる。いったいなぜこのように態度が変貌したのか。治安維持法などによる言論統制によって、皇室の尊厳を傷つけるものとしてとらえられかねない不穏当な発言が避けられたためだろうか。いずれにせよ、人柱であるかどうか、その可能性すら全く言及されていないというのは注目すべき点だと言えよう。

ファシズムが進行するなかでの言論統制が、こうした供犠の問題をめぐる議論に対して実際に行なわれたかどうかはわからないが、戦時体制へと突き進む社会状況が供犠論に何らかの影響を及ぼしていたことは想像に難くない。柳田の「一目小僧」から「人柱と松浦佐用媛」に至る供犠論のスタンスの変化もやはり、柳田の思想的展開の問題として考えると同時に、一つにはこうした時代状況の変化との関わりで改めて論じる必要があることは確かだろう。

四　己れの歴史として

以上、明治・大正・昭和それぞれの時期における「食人」「人柱」「イケニエ」についての知識人たちの議論の特徴とその変化を概観してきた。もちろん、今後それぞれの時代の思想状況に即した詳細な分析が必要だが、ひとまずここで確認できることをまとめておけば、一つは、柳田の供犠論の展開が、大筋では明治・大正・昭和における知識人たちの議論の特徴に対応しているということ、そして、供犠は、それを論じる者の置かれた時代状況が如実に反映されるやっかいな問題であるということであろう。そして、近代化を課題にした明治と戦時体制へと突き進む昭和との間に挟まれた大正期には、説得力のある魅力的な供犠論が活発に展開されていたのだった。

確かに、柳田は、大正一四年の皇居の「人柱」事件についてはは何も語っていないし、「一目小僧」はこの事件より八年も前に書かれてはいる。しかし、「人柱」事件に触発されてにわかに繰り広げられていったイケニエ論と柳田の「一目小僧」との間には、明治期の供犠論には見られなかった一つの確固たるスタンスが通底しているとは言えないだろうか。それは、「他の国にあれば、日本にだってありうる」「実際にイケニエが行われていたなんてことは当たり前じゃないか」というところを大前提として、議論が進められているということである。

ここでは触れる余裕がなかったが、南方熊楠もまたこの「人柱」事件に際して、「人柱の話」という文章を執筆し、人柱に関わる膨大な資料を列挙して人柱の実在性を説いており、そこで、力強くこう断言していた。

> こんなことが外国へ聞こえては大きな国辱という人もあらんかなれど、そんな国辱はどこの国にもある。〔南方 一九二五 四二九頁〕

中沢新一は、『森のバロック』〔中沢 一九九二〕のなかで、このような確信のもとに展開される「人柱の話」には異様な迫力があることを指摘しながら、そこに人間の孕む暴力性に向き合う南方民俗学の根本的な特徴を見出している。

だが、私は、南方と同様のまなざしは、実は、柳田や中山太郎や、また加藤玄智などによって繰り広げられた大正期の供犠論のなかにも見出せるのではないか、と考えている。人を殺して犠牲にするという残虐な歴史を、他者のそれとしてではなく、また大昔にかつてあったものとしてでもなく、己れの内に生きつづけるリアルとして引き受けていく、そうした姿勢が、大正期の供犠論に芽生えていたからこそ、それらの議論が現在においても色あせることなく、刺激的な魅力を持ちつづけていると言えるのではないだろうか。

それはまさに、暴力というテーマが発する「毒」を正面から受けとめようとする姿勢において、当時の知識人が共通の地平に立っていたことを物語るものではないか。私たちもまた、これら一連の事件を通じてあらわになっている「カニバリズム」と「人柱」、あるいは「イケニエ」といった問題を己れの歴史として引き受けていくそうした姿勢を受けついでいかなければならない。「人身御供祭祀」をテーマとする本書にとってだけでなく、日本の伝承と民俗を問う場合はいつも、そのことが必ず重要な課題となっていくにちがいない。

第一章　「人身御供の祭」という語りと暴力

一　問題の所在――近代知識人の道徳意識と人身御供

大正一四（一九二五）年、宗教学者の加藤玄智は、「尾張国府宮の直会祭を中心として見たる人身御供及び人柱」という論文を『中央史壇』に発表している。次に引用するのはその冒頭である。

私は先般尾張国中島郡の大国霊神社の直会《ナホエ》祭の神事に列することを得たが、此祭事に就いて昔から、色々見方もあつた様なので、これから此神事の意味の変遷等に就いて一通り私見を述べて見たいと思ふのである。（中略）今日では直会祭は、追儺祭と呼んで旧正月の十三日に執行する鬼やらひ、即ち追儺の御祭と云ふ事になつて居るが、古い所では果してそれが、鬼やらひ、即ち追儺の御祭ばかりであつたか、但しは又、人身供犠、即ち昔から云ふ人身御供の形跡のある御祭ではなかつたかといふ事が、屡々問題となつて居るのである。そこで此等の事に関してこれから卑見を述べると同時に、果して日本に一般的に考へて、古来人身御供と云ふやうな事があつたかどうかといふ事に就いての卑見も、述べて見たいと思ふのである。〔加藤 一九二五 九二頁。傍点引用者〕

「尾張国府宮の直会祭」は「人身供犠、即ち昔から云ふ人身御供の形跡のある御祭」ではないか。それを明らかにすることによって、日本に人身御供が実際にあったかどうかを論証してみたい。これが加藤の問題設定である。

ここで議論の対象にされている「尾張国府宮《こうのみや》の直会祭」とは、愛知県稲沢市に鎮座する尾張大国霊《おおくにたま》神社(1)で毎年旧正月の十三日に行なわれる「儺追《なおい》祭」(2)をさす。儺追祭は、神社では、神護景雲元(七六八)年に称徳天皇が全国の国分寺に下した、天下泰平、五穀豊穣を祈願した七日間の吉祥天悔過《けか》の法会執行の勅命に由来するものとされ(3)、また、一般的には鬼やらいや追儺《ついな》など悪疫退散の祭との関連でも紹介されている(4)。では、これを、「直会祭」と表記し、「人身御供の祭」と推論する加藤の根拠はどこにあるのであろうか。

儺追祭は、神社側の公式的な説明とは別に、地元では「裸祭」と呼ばれ、周辺の地域からも大勢の裸男たちが参加する威勢のよい祭として知られており、志願者のなかから神籤で選ばれた「儺負《なおい》人《にん》」(通称「神男《しんおとこ》」)(5)と呼ばれる一人の男性がその中心をなしている。この儺負人は、祭の間中過酷な苦役を強いられる。彼は、まず昼の祭で、数千人の裸男たちのなかを通りぬけ無事に「儺負殿」

に入殿しなければならない。一糸まとわぬ姿で、いきりたつ裸男たちのなかに飛び込み、押し合い圧し合い、揉みくちゃにされながら、まさに命がけで儺負殿まで辿りつくのだ。そうして、昼の大役を務め上げた儺負人は、翌未明から執り行なわれる夜の祭で、今度は「土餅《どべい》」と呼ばれる厄の塗りこめられた餅と火を灯した紙燭を頭上にさした人形とを背負わされ、礫を投げつけられながら境内から追いやられるのである。

加藤玄智が儺追祭を人身御供の祭と見なす根拠は、まさに祭のなかでのこの儺負人の役割にあると言っていい。これについて、加藤は次のように述べている。

> 之に続いて夜の御祭であるが、夜の御祭は二時から始つて東が白む頃に終るのであつて、此に所謂人身御供の形跡がある儀式を見る事が出来るのである。即ち前に言つたシンと称する所の人（「神男」のこと―引用者註）が、畢竟人身御供と言はれる所の人物であつて、此場合には御宮の側に一時的の幄舎を拵へ、其処に尾張の大国霊の神様と奇稲田姫の二柱を請じて、其前で神主が夜陰に乗じて祝詞を上げ、其シンになる人間は幄舎の側に蹲つて居るのである。（中略）斯ういふ有様であるから此神事は歴史的に考へて、一方では其厄を背負つて逃げる人間が、詰り人身御供の位置を現して居るといふ点から見れば、人身御供が昔あつたのを、段々形を変へて残して居るとも考へられるし、それが後に追儺即ち鬼やらひと結び付いたのではなからうかとも、考へられてならぬのである。〔加藤　一九二五　九六〜一〇一頁。傍点引用者〕

要するに、「シン」（儺負人、神男）を神前に据えるという夜の祭には、まさに「人身御供の形跡」が見られるのであって、裸男たちが「シン」を追いかけて揉みくちゃにする昼の祭は、人身御供を捕まえる儀式の名残だという。したがって、現在の祭は、昔、人身御供の祭だったものに、追儺や鬼やらいなどが結び付いて変化したものだということになるというのだ。加藤はさらに、儺追祭について記述された近世史料をもとにこうした推論を検証し、そして、これを論拠に日本において人身御供が実際に行なわれていたことを論証すべく議論を展開させていく。

事の真偽は別として、ここで押さえておくべきことは、このように儺追祭を人身御供の祭として、日本における人身御供の実在性を示そうとした加藤の意図がどこにあるのかということであろう。

明治四四（一九一一）年、加藤は、二回にわたって『仏教史学』に「宗教学と仏教史」という論文を発表している。そしてそこでは、仁徳紀にある茨田《まむた》の堤にまつわる人柱の伝承や『今昔物語集』の美作国中山神社のイケニエの話など、数多くの説話伝承が挙げられ、「日本に人身供犠が古くから行はれておつた事」〔加藤　一九一一　五四頁〕の証しとされている。つまり、そこには既に大正一四年の論文の伏線が敷かれているのである。重要なことは、こうして人身御供の実在性を示した上で、次のような結論が下されていることだ。

　つまり仏教思想を以つて残酷なる人身供犠の不倫な所以を教へて、次第に之を止めるやうにして来たと云ふ事を示しておるのであります。ここにも仏教の倫理思想が如何程吾国の道徳に影響しておつたかと云ふ事を知る事が出来るのであります。〔加藤 一九一一 五七頁。傍点引用者〕

日本にはかつて人身供犠が行なわれていた。しかし、仏教の思想が浸透することによって、人々の間に道徳意識が芽生え、この残酷な習俗をやめた。というのが、加藤の論理であり、こうした仏教の影響力を証明することこそが宗教学者としての最大の目的であったということがここから明らかになる。そうであれば、大正一四年の論文もまたこの加藤の思想的文脈のなかに置いて見なおす必要があろう。つまり、儺追祭を「所謂人身御供の形跡がある儀式」とする背景には、日本においていかに仏教という普遍宗教が倫理的な影響を与えてきたのか、それを証拠づける道具立てを整えるという明確な意図があったと言えるのである。こう言いかえてよければ、仏教の道徳的感化力を示すために、儺追祭は未開で野蛮な習俗を残す証例として加藤によって見出されたということになるだろう。

W・アレンズの『人喰いの神話』〔アレンズ 一九八二〕以来、人類学では、「未開社会」がいかに近代知識人の偏見のもとに、「食人」や「人身供犠」を行なう「野蛮な民族」として表象されてきたかということが批判されて久しい。つまり、宣教師や植民者による「食人」「人身供犠」という「未開社会」に対するレッテル貼りは、彼らに「非文明」「野蛮」の烙印をおすことによって、キリスト教化、また植民化を遂行する装置として案出されたのであり、人類学者による食人研究もそうした文明／未開の権力構造を補強する役割を果たしてきたというのだ。こうした批判からすると、進化論的他者認識に基づいた加藤の議論も、西洋近代の文明／未開の二分法によるレッテル貼りの問題が孕まれていることは明らかである。

しかし、本章での目的はこうした近代知識人の言説を分析し、その問題性を告発することにはない。さしあたっての私の関心は、人身御供実在説の展開のなかで、加藤が人身御供や人身供犠そのもののもつ宗教的な意味には無関心で、それをもっぱら仏教によって倫理的教化をすべきおぞましく残酷な愚行にすぎず、何ら意味が見出せないものと見なしていることにある。というのも、そこには、人身御供や人身供犠に対する加藤の近代知識人としての倫理的拒絶感が露骨に反映されていると言えるからである。

例えば、それは、同様に人柱や食人習俗が古代日本において実際に行なわれていたことを明らかにしようとした南方熊楠の態度と比較してみれば、より明白であろう。南方熊楠は、既に明治三六（一九〇三）年に脱稿した論文「日本の記録に見る食人の形跡」[6]のなかで、日本の伝承や民謡、また民俗祭祀（儺追祭も挙げられる）を世界のそれと比較しながら、日本における食人習俗の実在性を証明しようとしている。そこには加藤のように、食人を倫理的レベルから悪しきもの、また廃すべきものと見なす主観的価値判断は全く下されていない。むしろ、それを人類に普遍的な習俗であるととらえ、したがって日本でも食人が行なわれていたのは当然であるとする文化相対主義的な立場からの研究であったと言えよう。しかし、南方の試みが、「日本人が食人をするはずがない」という当時日本の学界に蔓延していたエスノセントリズム的言説の論駁を目的としたものであった〔松居竜五　一九九七　二七頁〕ことからすると、この問題に対して南方のような冷静な態度を持つものは当時の知識人のなかでは稀であったということが、逆に浮び上がってくるのだ。

ところで、先述した明治四四年の加藤の論文は、思わぬ波紋を呼んでいる。柳田国男が、『仏教史学』第一編第八号（一九一一年）に発表した「掛神の信仰について」という論文で、加藤の人身御供実在説に対して反論を行なったのである。柳田はそこで、「人身御供の古式」と称されている祭礼が日本にいくつもあることは認めながらも、だがそれらは、ヤマタノオロチ伝説の一変形であるか、もしくは中世の俗説にすぎないと、ことごとくその実在性を否定する。また、儺追祭についても言及しているが、これも「人身御供の古式」とは言い難く、儺負人が追われるときに背負っていた土餅が村境に埋められ、この儀式が社家の秘儀になっていることから、これは外敵から村を防御するための「坂上鎮護の祭式」ではないかという解釈を加えているのである。そうして、次のように断じる。

しかしながらこれらの儀式が外敵征伏の趣旨を含むという一事をもってただちに上古人を屠りて神に饗するの余風と断ずるははなはだ不当なり。積極的の証拠なき限りは種々なる供物はおのおのその用法に従いてこれを奉献するものと推定すべし。語を換えて言わば人の肉や血はいずれの時代の思想にてもわが国では決して御馳走にはあらず。（中略）要するに自分は魚鳥獣の生贄と人の供物とはとうてい同一の系統の者と考うることあたわず。〔柳田 一九一一 四八八頁。傍点引用者〕

日本では、人の肉や血は決して御馳走ではない。この言葉に、加藤の人身御供実在説に対する柳田の強い拒絶反応が最も明瞭に表われていると言っていい。それはあまりに論理性を欠いた感情的で、しかもエスノセントリズム剥き出しの反応である。

中村生雄は、加藤玄智との論争のなかでの柳田のこのような反応について、それが日本社会の近代化という時代的な要請と不可分にからみあっていたことを指摘している。つまり、日本社会が「アジア的未開」をすみやかに抜け出し、いかに西洋列強と対等の地位に立てるかという国家目標を掲げていた当時において、食人や人身供犠が実際に行なわれていたなどということを認めるのは、すなわち「戦わずして西洋列強の威光に屈服してしまうこと」に他ならなかった、というのだ〔中村 二〇〇一 二六八頁〕。この中村の指摘にしたがえば、仏教によってその野蛮な習俗が廃止された（文明化された）という加藤の議論は、柳田とは反対の局面から近代日本の時代的な要請に応えたものだったと言えるし、ゆえに、加藤の人身御供や人身供犠への倫理的態度も実は、柳田の拒絶反応と共通するものであったことがわかるだろう。

では、人身御供や人身供犠を倫理の問題として受けとめてしまうその態度は、現在の研究者の間では完全に克服されているのだろうか。必ずしもそうとは言えない。というのも、民俗レベルの祭には、人身御供譚が伝承されるものやまたそれを擬した演出がされるものが数多いにもかかわらず、例えば、古代社会における巫女の役割の残存〔上井・上井 一九六九〕といった起源の問題に収斂されたり、また、祭から切り離されて神話や説話のモチーフとして分析されたりと、現在の民俗学研究においても、その祭の継続における人身御供の意味を正面から論じようという試みはほとんどなされてこなかったと言えるからだ。儺追祭についても同様で、茂木栄を中心とする国学院大学日本文化研究所の研究プロジェクトはその綿密な調査報告書を出しているが、そこでは、「稲魂の生命の擬死と再生、稲魂の力の誇示というドラマ」〔島田・茂木 一九九一 一〇四〕という新しい解釈を付与することによって、近世以来たびたびこの祭が「人身御供の祭」と見なされてきたことの意味を問うことが巧みに回避されている。こうした研究状況は、中村の指摘の通り、まさに現在においても人身御供の問題は依然として「それを論じる当事者の道徳意識や宗教的信条を映し出す鏡のごとき性格」〔中村 二〇〇一 二五四頁〕をもつものであることを物語っていると言えよう。

ところで、「はじめに」でも触れたことだが、文化人類学者の春日直樹は、フィジーの食人習俗をめぐる従来の研究、例えば、食人を構造分析の対象にしたり、聖体拝領と比較したりする研究に対して、それらは強力な暴力性の付きまとう食人という現象を、人類学者の共同体に了解可能になるように「毒抜き」する行為に他ならないと痛烈に批判している〔春日 一九九八〕。そして、文化人類学の使命を次のように宣言する。

食人の分析とはこのように、現象の生臭さから何とか理屈をつけて距離を置こうとするあがきともいえる。だとすれば明らかにすべきは、毒抜きの方法ではなくむしろ毒そのものであり、異文化からの距離の確保ではなくむしろ距離を置くことの難しさである。〔春日 一九九八 三八四頁。傍点引用者〕

明らかにすべきことは、「毒抜き」の方法ではなく、「毒そのもの」である。この春日の言葉を借りるなら、私たちが民俗学研究における人身御供の研究ですべきことも、また、それが研究者個人の倫理観に直結してしまうのはなぜか、そのことを正面から問い、そこに含まれる「毒そのもの」を冷静に見据えることであろう。それは柳田や加藤に対する言説批判によってなされるものではない。春日曰く、言説批判そのものが、「現象の本性への探求を浅薄化する傾向」をもち、そのリアリティの衝撃性をリアリズム的読解への糾弾によって扱いやすいように「毒抜き」している張本人に他ならないのである〔春日 一九九八 三八一〜三八三頁〕。むしろ、私たちは、柳田や加藤と同様の倫理的拒絶感を共有していることを謙虚に認めながら、その「毒」の在り処を探る回路を見出すほかないのである。

二　近世の儺追祭と「人身御供の祭」というレッテル

1　近世知識人による「人身御供の祭」の記述

そこで本章では、人身御供のもつ「毒そのもの」を扱う手掛かりとして、尾張大国霊神社の儺追祭がなぜ近世以来「人身御供の祭」というレッテルを度々貼られてきたのか、そして、そうした事態に対して尾張の人々がどのように対応してきたのかを考察してみたい。私がここで近世を対象にするのは、その時代における儺追祭関係の史料がかなり豊富であり、当時の祭の様子も、そしてそれをめぐる人々の動きもある程度再現できるのではないかと考えるからである。そして、また、その分析によって、そこに、人身御供と祭との関係を考察するための一つのモデルを呈示できるのではないかと予想しているからである。つまり、近世の儺追祭を分析することによって、近世という時代性とともに、一方ではその時代の枠を超えた問題を議論することが本章での目標であるのだ。

儺追祭を人身御供の祭のように描いた記述は、大方次のようなものである。

> 尾張国中島郡国府宮清洲の近所なり。毎年正月十一日に直会祭といふあり。神官、旌旗を立て道の辺に出て、往来の人を一人捕ふ。さるによつて其日は諸人戸出をつゝしむ。旅人などは旅館にて此事を告しらせて逗留するなり。斯恐るれども、自然とこのために捕はれる者出来て、其人を沐浴させ、浄衣を著て神前につれ行、大きなる俎板一器、木にて作れる庖丁生膾箸をまうけ置、又人形を作りて捕はれたる人の代として、末那板のうへに据て、その傍に捕はれし人を居らし

め、神前に備へ進する事一夜なり。翌朝神官来りて、件の備物、人共に神前よりくだし、土を以、大きなる鏡餅を作りて、彼人背に負せ、青銅一貫文を首にかけて追放に、《（ママ）》走り行てかならず倒て絶入す。少時ありて正気いで丶元のごとし。その倒れたる所に土餅を納めて塚を築くなり。（傍点引用者）

これは、加藤玄智や南方熊楠がその「人身御供」説の論拠に挙げた『諸国里人談』（寛保三〔一七四三〕年）の一節である。往来の人を一人捕えてきて、大きな俎板《まないた》の上にその人の代わりとなる人形を据え、その人とともに神前に一夜供えておくという。しかも、庖丁と生膾箸《なますばし》という調理道具まで調えられている。そこには、ヤマタノオロチ伝説や中山神社のイケニエ説話などの、いわゆる人身御供譚のようなドラマティックな展開はない。だが、淡々とした記述によって、かえって、捕われた人が、神へのイケニエとして捧げられたのではないか、あるいはかつて捧げられていたのではないかと、一読した者の想像力が掻き立てられるリアリティがあると言えよう。

『諸国里人談』は、付された前書きによれば、俳人であり、「江戸砂子」など多くの著書のある諸事博通の著者、菊岡沾涼《せんりよう》が自ら全国を「行き着きばつたりに」旅をし、そこで見聞きした「里人の談」を「採りも直さず有りのままに」書き記したものとされる。しかし、これが「里人の談」を「有りのままに」記したもの、もしくは菊岡沾涼自身が祭の現場に立ち会ってその様子を描いたものであるとは、にわかには信じがたい。というのも、近世の儺追祭については、その神事次第を記した社家の文書がいくつか残っているが、そこには、『諸国里人談』で描かれた人身御供を思わせるような所作は記述されていないからだ。また、元禄一二（一六九九）年の『神道名目類聚抄』や、宝永三（一七〇六）年の『本朝語園』、そして正徳六（一七一六）年の『本朝怪談故事』など、これより以前に刊行されている書物にも、儺追祭を人身御供の祭であるかのように紹介した記事がいくつも見られるが、その記事がどれも、『諸国里人談』と表現の細部に至るまで極めて類似しているという事実も、それが祭の「有りのまま」の描写ではないことを証明していると言えるだろう。さらに言えば、俎板や庖丁などの調理道具まで調え、リアルな演出がなされていることからすれば、そこでは、『今昔物語集』や『宇治拾遺物語』などの人身御供譚までもが参考にされていることは容易に想像できる。

　そう考えると、儺追祭をめぐるこのような人身御供の祭という記述は、まさに、都会の知識人による異郷（辺境）への偏見の所産であり、その祭を都会人の好奇心をくすぐる奇祭として紹介する際の、常套的な表現であったに違いない[7]。

　ところで、このように儺追祭を人身御供の祭とする見方はどのくらいまで遡ることができるだろうか。確かなところはわからない。しかし、後に詳述する尾張の国学者である天野信景《さだかげ》が、儺追祭が「人身御供の祭」かどうかを論じる文脈のなかで、寛文一〇（一六七〇）年に刊行された『先代旧事本紀大成経』を「当社儺負の紀元を造言せしこそ、罪ふかく覚へ侍り」（『惣社参詣記』）と批判していることからすると、少なくともこの時期までは遡ることができるように思われる。『神道大辞典』によると、『先代旧事本紀大成経』とは、上野国黒瀧の禅僧潮音と志摩国伊雑宮の祠官永野采女の二人が、聖徳太子の真撰の『先代旧事本紀』であると称して偽作したものである。天和元（一六八一）年には発禁となったが、一般にはかえって珍重され、諸社の縁起書にも援用されるほど、かなり広範囲に普及していたようだ。『国府宮儺追祭雑稿誌』に収録された『先代旧事本紀大成経』のなかの尾張大国霊神社に関する記事から、その内容を現代語になおして紹介すると、次のようになるだろうか。

大己貴神《おおなむち》(8)が鵠に乗って尾張国に移り住み、毎日旅人を一人捕えて食っていた。日本武尊が東征の際これを知るが、大神の子である大己貴神を刑に処するわけにはいかなかった。そこで、次のような提案をした。人民に害を与えるのであれば、神術の徳をもって国の利益のためにそれを使いなさい。すなわち、天下の人々の災厄不祥を一人に負わせて、これを食うのです。それまで、毎日行っていたものを十日に一度にすれば、十人に禍が及んでいたものがたった一人になり、禍の及ぶところを減らすことができるでしょう、と。大己貴神はこの道理の通った言葉に従い、天下の十日の間の災厄を負わせた人を十日に一度食うようにし、名も「厄直神」（ナヲシカミ）と改名した。

この偽作された奇妙な縁起譚がどれほど当時の人々の間に浸透したのか、そして、この話とそれ以後の「人身御供の祭」を思わせるような記述と直接的な関係があるのかどうかも確かめるすべはない。ただ、この話が唐突に潮音と永野釆女によって案出されたわけではないようであるということは付け加えておく必要があるだろう。実はこの『先代旧事本紀大成経』が刊行される前年の寛文九（一六六九）年の史料に、既に「人身御供」を暗示するような記述が見出せるのだ。それは、名古屋東照宮の祠官であった吉見恒幸が寛文八（一六六八）年の「遷宮之儀式」を機に著わした『国府宮神記』のなかの次の記述である。

正月十三日捕《テ》二往還《ノ》之人《ヲ》一為《ト》二難負一、此時祭礼之有二儀式一、以《テ》二難負一作《リ》二大蛇《ヲロチ》之形《ニ》一、結《ユイ》二分《ワケ》於髪《ヲ》一、燃《シ》レ火《ヲ》文《アヤトリ》レ身《ヲ》、其後、神主家出《ス》二秘伝之餅《ヲ》一、則、権神主請取《リ》、負《セ》二右之餅《ヲ》一放《ツ》レ之《ヲ》、其故者、持《チ》二負《スルノ》於国中之災難一儀也、（中略）是取《レル》二難負《ヲ》一時、其人数之頭《ヲ》、此《ノ》須々木刀《キタチ》賜《テ》二神前《ヨリ》一、為《シ》レ節《シルシト》引《キ（ママ）》下廻《シ》社人或《ハ》宮之役人等、上《ヲ（ママ）》国人旅人不レ謂二其差別一、壱人捕《テ》レ之、奉《ル》レ備二稲田姫之神事《ニ》一、此難負者、載《ル》二神代《ニ》一処《ノ》之大蛇之代《カハリニテ》而奉レ慰《メ》二此神慮《ヲ》一也、木刀者、古斬《ヘシ》二其蛇《ヲ》一十握《ノ》剣《ノ》代《ニシメ》、而平《ル》二邪気《ヲ》一也

儺負人を大蛇に見立て稲田姫神[9]の神慮を慰めるために神前に供えるのだという。そう主張する吉見の意図は、おそらく儺追祭の由緒を朝廷（天皇）と関係づけることにあったにちがいない。つまり、祭に使用する「木刀」がスサノオの「十握剣《とつかのつるぎ》」であるという論理を導き出すために、儺追祭を

ヤマタノオロチの退治譚になぞらえていると考えられるのだ。しかし、退治した（捕えた）大蛇（儺負人）を稲田姫に供えるという儺追祭の解釈が、「人身御供」のイメージと全く乖離したところで付与されているわけではあるまい。吉見がこのような説明をするに至ったのも、そして、その翌年に刊行された『先代旧事本紀大成経』に人を喰らう大己貴神の姿が描かれているのも、察するに、人身御供と結び付いた儺追祭のイメージが既にこの時点で多少とも共有されていたからではないだろうか。そしておそらく、儺追祭を人身御供の祭のごとく描写する記述が多く見られるようになる元禄年間から寛保年間には、そうしたイメージが都会人の好奇心の対象として広く流布していったと考えることができるだろう。

2　近世の儺追祭の様相——恐怖と緊張の現場

それでは、そうした人身御供の祭のレッテルが貼られた近世の儺追祭とはどのような祭だったのか。その様子を、いくつかの近世史料を手掛かりに再現してみることにしよう。

近世の儺追祭の様子を説明する際によく紹介されるのは『尾張名所図会』である。図2のように、二枚組みの絵図の一方には、長刀や太刀で武装した大勢の男たちが儺負人を捕えに行く昼の儺負捕りの様子が、そしてもう一方には、捕えられた儺負人に人形と土餅を背負わせ、神官たちが刀を振りかざして境内から追いやる夜の神事の様子が描かれている。しかし、この絵図の説明にも、「古へは行路の旅人を捕ふる事なりしが、寛保四年甲子正月国君よりこの事を禁止し給ひ、今はかたば

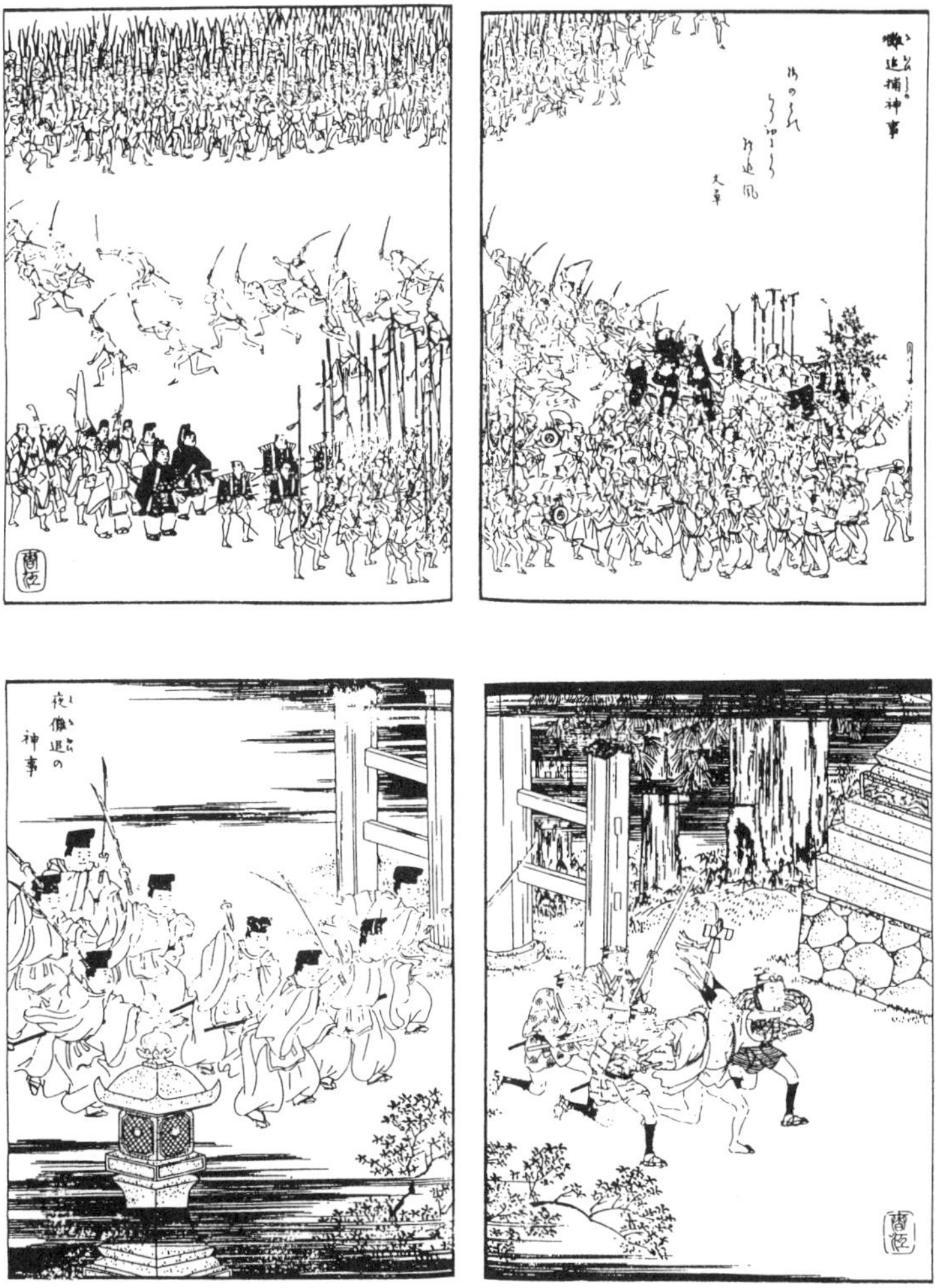

図２　『尾張名所図会』（出典『日本名所風俗図会６』角川書店，1948年）

かりに人を雇ひて備ふる事となりぬ」という記述があるように、儺追祭は寛保三（一七四三）年に、時の尾張藩主徳川宗勝により祭祀改変の命が下され、翌四年の祭から、雇人を儺負人に充てるという変更を余儀なくされたのである。したがって、弘化元（一八四四）年のこの図会は、祭祀改変後の様子を描いたものであり、人身御供の祭の記述が多い元禄から寛保までの（祭祀改変以前の）様子を伝えるものではないと言えるのだ。

では、祭祀改変前はいったいどのような祭だったのか。その様子を描いた図会やそれを紹介する記述は意外なほど少ないが、寺社奉行所からの問い質しに対する神官らの返答書（「当宮儺負神斎留書」所収）のなかに、それをうかがわせる手掛かりはある。例えば、享保一三（一七二八）年の奉行所からの問い質しのなかの次のような項目が、その一つだ。

一、儺負ニ捕候人之儀ハ、御国並他国共ニ士農工商ニ限らす、出家・山伏・禰宜又ハ男女・老人・小児・病人・乞食等ニ至る迄、見当り次第捕申事ニ候哉、公儀並御家・紀州・水戸・其他諸国大名衆・其以下之家来又は飛脚急用之輩とても用捨無之候哉、又は其品ニより用捨有之定ニ候哉

これに対する神社側の回答はこうである。

（前略）公義並御家・紀州・水戸等迄先年より用捨仕来り候、其外諸大名衆以下家来歴々衆は捕不申候、其僕・飛脚・急用之輩ニ而も捕申候《ママ》、士農工商ニ不限、何者ニ而も見当り次第用捨なく捕来候、但シ出家・剃髪・女人・小児・忌服輩・乞食、此分ハ従先年捕不申候

要するに、儺負捕りではいかなる身分のものも容赦なく手当たり次第に捕えられるのかといった寺社奉行所の質問に対して、神社側は、将軍家及び御三家をはじめとした諸大名とその家来、そして僧侶、女性、子供、忌服者、乞食の者は除外されるが、それ以外の成人男性は儺負捕りの対象になると答えているのである。(10) ここから私たちは、祭祀改変以前の儺追祭では、儺負人に、改変後のような雇人ではなく、またもちろん現在のような志願者でもなく、実際に、儺負捕りで、制限付きではあるが無差別に捕えてきた男を充てるという当時の祭の形式を知ることができるだろう。

通りすがりの男を無差別に捕えてきて、災厄を負わせ追放する。こうしたスタイルは、人類学的な見地からすれば、まさに「スケープゴート」の祭という解釈が当てはまるにちがいない。しかし、本章では、そうした祭自体に対する安易な解釈は極力避けて、むしろ当時の人々がこうしたスケープゴート的な祭をどのように認識し、そしてどのように臨んでいたのかといった点を明らかにすることに精力を注ぎたい。外部の知識人による人身御供の祭というレッテルも、まさにそうした祭に対する認識の一つとしてとらえられるからだ。

そこで、想像してみるに、寺社奉行所からこのような問い質しがされている状況からして、儺負

人は現在のような名誉のある役目では決してなく、むしろ忌避すべきものと人々に認識されていたのではないかと考えられる。それは、捕えられる近隣の村人たちが儺負捕りに懸命に抵抗し、しばしばそれによって寺社奉行所の介入する事態にまで及んでいたことからも言えるだろう。

現存する神社の史料には、貞享二（一六八五）年から祭祀改変前年の寛保三（一七四三）年までの儺追祭についての記録があるが、[11]そこにはそうした騒動の顛末について詳細に記述されている。例えば、宝永八（一七一一）年には中嶋郡今村の村人たちが儺負捕りに手向ったので、鑓と棒を奪い取って帰社したとあるし、また元文四（一七三九）年の儺負捕りでは、往還通路にいた「百姓」伴右衛門を捕えたところ、「佐千原村之百姓共」が集まってきて伴右衛門を奪還しようとしたので、奉行所の役人を呼んだといった記述などがある。そして、寛保二（一七四二）年の項に記述される、一宮村の村人が儺負捕りに入った者のうち数人に対して刃傷に及ぶといった騒動（「一宮騒動一件」と題されている）は、一宮村の庄屋などと神社側の両者が何度も奉行所に上申書を提出して争われたのであり、次の年に祭祀改変の命が下される契機になったのではないかと目されるほどの大事件にまで発展したのである〔田島仲康　一九八三　四一三頁〕。

このように村人たちが力づくで儺負捕りに抵抗したのはなぜだろうか。おそらくそこには、儺負捕りもしくは儺負人になること自体に対する恐怖や不安の心理が作用しているに違いない。例えば、寛保三（一七四三）年に権神主蜂須賀主水定房が尾張藩に提出した意見覚書『儺追神事覚書』には、儺負捕りに関して次のような記述がある。

儺負神事之儀は、（中略）従上古、上之御祈禱ニ而候得は、往還通路・又者村里江乱入、理不尽ニ捕江候様ニ相見申候殊ニ大社之神威、上之御祈禱ニ有之候故、国中も恐懼仕相慎罷在候、（中略）当社より方一里之内ハ神垣と称し、儺負人之捕候事指赦し、社用之掟通ニ人数等自由ニ呼寄候故歟、村里之輩寄進と号し、社家ニ付揃年々人数も相増、当時ニ而五六千人程も罷出、人数発出之節、又は先々ニ而捕候ニ、村々ニ而田地の蹂荒候得共、神事之威風ニ恐怖れ、故障無之事候得共、諸人之難儀難申尽候（傍点引用者）

これに従えば、儺負捕りには、社家の者ばかりでなく、神社から一里以内に住み儺負人として捕えられることから免除される「寄進（人）」と呼ばれる人々が大勢参加していたようだ。その数、五六千人。彼らは村に乱入し、田地を荒らし暴れまわるといった横暴な振舞いをしていた。そして、そうした理不尽な儺負捕りに、村人たちは言い尽くせない苦難を強いられていたというのである。もちろんこの『覚書』が寛保三年の祭祀改変の命に際しての尾張藩への上申書であり、しかも執筆者である権神主蜂須賀主水定房が正神主に対立して祭祀改変に賛同していた（田島 一九八三 四一八頁）という背景を考慮すれば、この儺負捕りの横暴な様子が誇張されて書かれているということも十分に考えられる。しかし、例えば、「儺追理不尽ニ捕不申、古例之通捕可被申候、村々ニ而我儘ニあれ申間敷候」（「当宮儺負神斎留書」所収、傍点引用者）という張札が毎年正月十三日の朝に楼門に出されていたという慶安四（一六五一）年の記録や、その一方では逆に先述した一宮騒動の際には神社側が、「従往古手向等仕候者有之候得者、切殺候而も儺負を捕、神事指支無之様仕候御事ニ御座候」（「当宮儺負神斎留書」所収、傍点引用者）と主張していたことから察するに、儺負捕りは、神社の名目的な制限下に置かれながらも、半ば公然と傍若無人な行為を繰り返していたと考えてよいだろう。

また、こうした儺負捕りにおける具体的な暴力行為にともなう恐怖や怒り、苦しみと同時に、国中の災厄を負わせるという儺追祭の意味づけにより人々の内面に生じる恐怖や不安も大きかったに違いない。先に引いた享保一三（一七二八）年の奉行所からの問い質しに対する神社側の返答書にある寺社奉行所と神社側との次のようなやり取りからも、それがうかがわれる。

（質問）一、右之者（儺負人―引用者註）、追而病気ニ罷成、又は短命ニ候なと、申風説有之候、弥左様之儀ニ候哉、又は虚説ニ而別条も無之、為指痛ニも不罷成事ニ候哉

（回答）此条、病気短命と申儀は風説ニ而、為指痛ニも不罷成儀と奉存候

儺負人として捕えられると「病気短命になる」という風説が当時かなり流布していたようなのだ。そうした風説がいつから、またどこから発生したのかはまったくわからないが、儺負人に災厄を負わせるという意味づけが広く浸透していたとすれば、人間の自然な心理として、儺負人になること

に対する不安や恐怖心が生じ、また「病気短命」という風説によってさらにそれが増幅されることは容易に考えられよう。

そして、これら具体的な暴力行為に対する恐怖と祭の意味づけから生じる恐怖、この二つの恐怖の発生を、いわば構造的に支えていたのが、無差別的に男を捕えてきて排除するという儺追祭の形式である。享保一三（一七二八）年に神社側の示した儺負人の条件として、将軍家及び御三家をはじめとした諸大名とその家来、そして僧侶、女性、子供、忌服者、乞食の者以外の成人男性全般がなるとされていたのは既に述べた通りだが、さらに遡って慶安四（一六五一）年の記録からは、神主から各社家に対して儺負捕りについてのより詳細な取り決めが申し渡されていたことがわかる。その取り決めの一つは、儺負捕りは、まず明きの方（恵方《えほう》）へ一里ほど出て、そこでいずれの方向へ進むのか社家で相談するというものだ。そして、つづいて次のようにある。

儺負捕候は、其所ニ而捕方之様子念入聞届、先規之捕方不相違候ハヽ、最初之者を可被召連候、此方江先はしりの者ニ右之委細被申付、私宅迄相届候様可被申渡候（傍点引用者）

ここでいう「先規之捕方」というのが何を指しているのかわからないが、仮に、享保一三年に示された儺負人の条件と同様のものであると考えるならば、まず一里ほど恵方へ進み、そこで社家の相談で決まった方向に向かった儺負捕りが最初に出会った者（それが武家や僧侶、女性、子供、忌服者、乞食の者以外の成人男性であれば）を召し捕えるというのが、すなわち、儺負捕りの基本的な形だったということになるだろう（但し、実際の儺負捕りがこの通りに行なわれていたかどうかは別の問題である）。

問題なのは、儺負人の選択が、最初に出会った者という偶然性に委ねられているということである。確かに、それは一定の条件の下にある偶然性ではある。しかし、儺負人は寄進人に暴力的な扱いを受けるし、しかも病気短命になると噂されてもいる。そうした死にも至る可能性のある儺負人に誰がなるのかわからないという状況は、どれほど人々の心に不安をもたらしただろう。それは隣の男かもしれないし、もしかしたら自分かもしれない、そういう恐怖と緊張のなかに、儺負捕りの間中近隣の村はおとしいれられていたのではなかったか。そう考えると、『諸国里人談』における「さるによつて其日は諸人戸出をつゝつしむ。旅人などは旅館にて此事を告しらせて逗留するなり」という記述もあながち誇張とは言えないかもしれない。村人ばかりではなく、儺負人に選択される可能性を有する旅人にも、儺負捕りに対する恐怖が共有されていたに違いないのだ。

「人身御供の祭」というレッテルは、このような恐怖と緊張をともなう祭の上に付されたものであった。もちろん、儺追祭を人身御供の祭とする見方の発生を、こうした祭の現場に安易に直結させて考えるつもりはない。しかし、儺追祭についた人身御供の祭というイメージが、旅人などによる見聞や実際の「恐怖の体験」の証言によって、補強され膨張しながら好奇心旺盛な都会人の間に容易に広まっていった様子を想像することは、そう難しくないと思われる。

では、そうした「不名誉な」レッテルを尾張の人々はどのように受けとめていたのだろうか。ただし、同じ「尾張の人々」といっても、個々の祭への関わり方によって、また尾張藩という公権力との関わり方によってもその反応や対応はさまざまであろう。そこで、次節では、尾張藩の国学者や神道家、また儒学者などの知識人と、儺追祭を主宰する尾張大国霊神社の神官、そして、実際の祭の担い手である村人たちの三つの立場から、それぞれが、自分たちの「国」の祭に付された「人身御供の祭」というレッテルにどのように対処し、そしてそれが祭の実践にどのような影響を及ぼしていったのかを追ってみよう。

三　祭祀改変と「人身御供の祭」

1　尾張藩の知識人による対応とその変容

元禄元（一六八八）年、尾張国津島神社の神官であった真野時綱は、『神家常談』のなかで、尾張大国霊神社の儺追祭について次のように述べている。

当国中島郡国府の宮にをゐて、毎歳正月中旬に、道路に旅人を捕祭礼の夜半に至て追遂之事あるを、凡俗の言に由緒もしらで彼淫祠の犠牲の類にやとおもへり、其宮の伝義を聞に中々淫祠の類にあらず、（中略）此社は当国の大社にて、式の神名帳にも、尾張中島郡尾張大国魂神社、大御霊神社と侍り、殊に文徳天皇の御宇、当国憶感の神社と共に同時に官社に列せられぬ、かゝる大社ともしらず凡俗の心得こそ歎かしけれ（傍点引用者）

尾張大国霊神社は、官社に列せられるような由緒ある大社であるのだから、そこで行なわれている儺追祭は、噂されているような「淫祠の犠牲の類」ではない。こう断言する真野時綱は、さらに続けて、筑紫大宰府の観音寺で年の初めに行なわれる、旅人を捕え、これに鬼面を被せて追うという祭との類似性を指摘した上で、「国府の宮のなをいも国家の為に邪気を追なるべし」と、それが同様に国中の災厄を払う祭であること、そしてそれが本来の祭の意味であることを強調している。真野時綱の念頭に、これまで見てきたような儺追祭を人身御供の祭とするような記述やそれによって流布していた噂があることは間違いない。すなわち、彼は、そうした許すまじき不名誉なレッテルを払拭すべく祭の由緒を明らかにしようと試みているのである。

興味深いのは、真野のこのような人身御供説に対する反論が、次のような文脈でなされているということである。

或神家の云、淫祠の類、唐の書にも其品々おほき中に、取分甚しき事あり、唐の或国に邪神ありて人をもて犠牲とする事を好たまふといふ事有て、道路に旅人を捉、或は金銀に買ても其日の供御とする事あり、或時貧士を捕て供ずる事ありしに、大蛇口を張て已に喰とす、彼士心を擬し観念し呪《まじない》を唱ければ、大蛇退き此害を免れけるとかや、此事を先賢弁じて云、惣て猛獣毒蛇の類は邪気を禀《うけ》たる物なれば、同気を求動気を伺得て従て是を喰、彼者観念の中、其心をのづから呪をたのみて動気の端なし、故に邪魅を退る理有て、其害を免る事を得たるにやといへり、（中略）我神道はむかしより民間の妄談はおほかりしかど、かゝる淫祠は聞ず（傍点引用者）

唐（中国）には邪神に人を犠牲にして供える祭が多くあるようだが、「我神道」にはそのような「淫祀」があるはずがない。したがって人身御供の祭と噂される自国の儺追祭も、決していかがわしいものではなく、由緒正しい祭なのだというこの真野の論法は、まさに、近世国学的エスノセントリズムの典型と言えよう。

真野時綱は、家職を継ぐ前に、吉見幸勝や卜部兼魚、久我雅通に国学・神道を学んでいる。『神家常談』そのものも、そうした神道・国学的立場から、「神国に生れ神国の粟を食し神温に飽ながら」も「異国の事を我国に弘めむとの心のみ」をもつ「近代の学者」の在り様を批判し、衰微した「今世神道の由緒正しき故実」を明らかにしようという目的で書かれた、エスノセントリズム的色彩の濃い書物なのである。そうした文脈のなかで、儺追祭に貼られた「人身御供の祭」というレッテルが言及され、一蹴されているのは、それが自国尾張の汚名であると同時に、日本あるいは日本神道を汚すものとして認識されていたからに違いない。とすれば、ここには、柳田が加藤玄智の

「人身御供実在説」に対して見せた倫理的拒絶反応と同様の構図を見てとることができよう。すなわち、ナショナル・アイデンティティを創造、もしくは再構築しようとする知識人という意味では、近世の真野も近代の柳田も同様の立場にあるのであって、そうした彼らにとって、「未開性」を証拠づける「人身御供」というレッテルは、絶対に許容できない、否定すべき問題であったのである。

ところが、興味深いのは、このように儺追祭に付された「人身御供の祭」というレッテルを全面的に否定する態度が、近世の尾張の知識人の間で必ずしも一貫したものではなかったことである。例えば、国学者であり、尾張藩士でもある天野信景は、母を連れて尾張国府宮に参詣したときのことを記した紀行文『惣社参詣記』（宝永四（一七〇七）年）に、儺追祭について次のように記している。

> それ路行の旅人を捉へ侍るは、湖南九江の淫祀に似たるか、儺追は人を以て神を祭るにあらされとも、世俗は人を犠とするやうに語る事もいふ、かく美作国中山の神社にも人を祭しなと、宇治拾遺にいへるは此類にや、されとも上古は人を祭りし事、所々にありける、仁徳帝の御時、茨田連衣子河伯の淫祀を弁せしためし有り、文徳帝の御宇に藤原高房、美濃国なる妖巫をせられしは、其功西門駒か下にあらす侍る、又儺負とは此者に疫気を負せて、国中の災を一人に移す事なりといふ、異邦とてもか丶る事侍りしに、宋景漢文の君いたましかりて其非を止給へり、

通鑑綱目の文帝紀に、除㆓秘祝㆒と大書しあたらへられしも断なりけり、凡無辜の民を欺き捉へ、困厄に就しめ、疾気を移してかれを禍せん事、たとひ疾気を除功ありとも、仁人君子はするに忍び侍らんや、況や神明非礼をや享たまふへき（傍点引用者）

ここでいう「湖南九江の淫祀」とは、後の天野の著書『塩尻』（享保一八〔一七三三〕年）の「淫祀弁」でも「用人祭神」の例として挙げられている、中国湖南（揚子江中流域）と九江（現在の江西省北部）における人身御供を指している。『塩尻』の記事から前者について簡単に紹介すると、それは次のようなものだ。

ある村では、人を買って、あるいは捕えてきて神を祭っていた。ある時一人の貧しい男が捕えられ、廟の柱に縛られた。夜半過ぎに大蛇が現われ、その口をいっぱいに開けて食べようとしたが、男が呪文を唱えたので、食べられず退散していった。

この人身御供譚が、『飛鳥川』や『倭訓栞《わくんのしおり》』にも挙げられていることからすると、それが当時の知識人の間では、よく知られた物語であったことは確かだろう。また、ストーリーから推察するに、先に引用した真野時綱の『神家常談』で中国に「淫祀」が多いことの引き合いに出されていた「唐の或国」の話も、おそらくこの湖南の人身御供譚であると考えられる。

しかし、天野によるこの中国の人身御供譚の扱いは、真野時綱のそれとは対照的である。真野は、儺追祭が、ひいては日本神道が被った「汚名」を払拭すべく、中国の人身御供譚をその「未開性」

を証拠づける「淫祀」として、ゆえに、由緒正しき日本神道の、そして尾張大国霊神社の陰画として用いていた。それに対し、天野信景は、中国の「淫祀」と美作国中山神社のイケニエの話や仁徳天皇紀における茨田堤の人柱の話、すなわち日本の神道と、そしてさらには儺追祭とに類似性を見ようとしている。いったいこれはどういうことか。天野の意図はどこにあるのだろうか。

次に引用するのは、天野が元禄年間から享保一八（一七三三）年に没するまでの三十余年間に執筆した『塩尻』の、儺追祭に関する記事であり、先述した「淫祀弁」につづく文脈のなかに置かれたものである。私たちは、ここから、おそらく天野の意図を知ることができるだろう。

吾尾州国玉社、毎歳正月捉二行路人一遂レ之。祠官以為二追儺変風一也。然亦似下湖南捉二路人一之俗上、又称二之難追一、是使三此人移二負厄難一之謂也。（中略）凡就二難負一之人、雖レ非レ至レ死、而其執捉之際、逐撃之時、惶怖困苦実似二死地罪人一、而其親族恨二愁之一。世亦以惨戚焉。（中略）況神明不レ享二非礼之祭一、王者又民之父母乎、嗚呼父母之於レ子為レ之、就レ利避レ害、未三嘗頃刻而忘二於懐一、何至下視レ之与二犯レ罪之人一同上焉。元禄己卯春正月上元。

先の『惣社参詣記』と同様、やはり儺追祭と湖南の人を捕える習俗（「淫祀」）との類似性を指摘している。その上で、展開されるのは、儺負捕りがいかに理不尽で、人々に苦しみを与えているかという議論だ。すなわち、儺負人にされる人は、死に至らないとはいえ、その捕えられる際の恐怖や困苦は実に「死地罪人」が味わうものに匹敵する。それはその親族の、さらには世間の人々の恨み、哀しみを喚起することにもなる、と。そうして最後に、王（君主）は、民の父母であるのだから、子からこうした害を退け、利に就かせるべきだ、という儒教的色彩の濃い君主観が付け加えられているのである。

この「王」とは、具体的には当世の尾張三代目藩主徳川綱誠を念頭に置いた言葉であると考えられる。『儺追神事覚書』（寛保三（一七四三）年）に「泰心院様（徳川綱誠の法名—引用者註）御世之節、右儺負御吟味御座候節、天野源蔵（信景—引用者註）より勘文・例書、幷横井重左衛門よりも右儺負之例書等指上」とあるように、天野は、藩主に儺追祭についての意見を求められていた。また、綱誠が元禄一一（一六九八）年に命じた『尾張風土記』の編纂[12]にも関わっていたことからすると、末尾に「元禄己卯（一二年—引用者註）春正月上元」と記されているこの記事は、おそらくその『尾張風土記』の編纂のために、元禄一二（一六九九）年の儺追祭の際に書かれたものではなかったかと思われる。

とすれば、この『塩尻』や先の『惣社参詣記』の記述における天野の意図は、明白であろう。つまり、儺追祭は中国の「人身御供」と同類だ、ゆえに「淫祀」であり、したがってその非道徳性を克服すべきであると、儺追祭を藩内の倫理的引締めの対象にしようと考える藩主に進言しているのだ。言いかえれば、そうした公権力による祭の統制と支配を正当化し、補強するために、真野などそれ以前の知識人が倫理的拒絶反応を見せていた「人身御供の祭」というレッテルを、巧みに利用していることになるだろう。

実際、後に触れるように、元禄年間前後から、藩側によって、神社に対し幾度か儺追祭についての問い質しが行なわれたり、また、儺追祭へ寺社奉行所から役人が派遣されるようになっている。ただし、綱誠の死去によって祭に対する具体的な介入には至っていない。そして、七代藩主宗春が将軍吉宗に蟄居を命じられ、藩政の立て直しが最重要課題になった八代藩主宗勝の時代を迎えて、儺追祭は再び藩内の倫理的引締めの対象と目されるようになるのだ。『吉見宅地書庫記』には、国学者の吉見幸和が、宗勝の要請に答えて、儺追祭の統制についての助言を行なっていたことが記録されている。

寛保年間、本州国府宮正月十三日追儺修法、捕レ人以充レ之者、以レ似二淫祀一、邦君寛《(ママ)》政之余、思二国民之憂一欲レ止レ之、使三有司問二之先生一、於レ是先生考二索和漢典籍一、審誌二勘文一以聞、及有二厳命一、禁下止猥捕二往来人一之淫祀上、因下二令於国中一、不三啻使二闔国往還安一、天下大悦、伝二聞之一者、無レ不レ感二歎邦君之仁政一、嗟呼偉哉

ここには、吉見幸和が和漢典籍をことごとく検討し、それに基づいた意見書を宗勝に上申し、その吉見の助言を受け、従来の人を捕える「淫祀」を禁止した宗勝の仁政が讃えられている。

このようにして、寛保三（一七四三）年、儺追祭は改変され、以後、既に触れたように、儺負人

には金銭で雇った者が充てられることになった[13]。

ところで、綱誠や宗勝が儺追祭の変更を求めた理由は何であったのであろうか。それは、国学者の天野信景の言うような儺負捕りの理不尽さといった風紀倫理上の問題だけではなく、むしろ、藩運営に不都合を生じさせるような切実な問題が儺追祭のなかに認められていたからではなかっただろうか。

例えば、尾張藩士で、吉見幸和の弟子でもあった近松茂矩[14]は、儺追祭が「淫祀」か否かを問答形式で論じた『儺追問答』（享保八〔一七二三〕年）のなかで、儺追祭を「停止」すべき理由として、いくつかの「害」があることを指摘している。近松によれば、一つ目は、祭当日に神社周辺の村人たちがみな門戸を閉じて外に出ないので、「士農工商各其家業ヲ怠ル」ということ、二つ目は、「海道ハ天下ノ通路ニテ、半時モ不可塞」なのに、旅人は、儺追祭の日にはどんなに急用であっても通らずに、ただ無益に河東か美濃路に滞留しているということ、三つ目に、祭の日は急病人が出たり、妊婦が急に産気づいても医師などを呼ぶこともできないので、その危急を救うこともできない、「其家族ノ難儀許多ソヤ」ということである。そして四つ目には、数千人にも膨らんだ寄進人が田畠を荒らし、民家でたびたび刃傷にまでおよぶ騒動をおこして、まるで「一揆ノ起カ如シ」で、しかもそのために一日生業を怠る上に酒食に無益な散財をかけることも「害」として批判されている。

この他にも、天野と同様に無辜の民に困苦を与える理不尽さも指摘されてはいるが、多くは、以上のように、大勢の寄進人が押しかけて半ば無差別的に儺負人を捕えてくるという、前節で見た儺負捕りの現場に関わって生じる具体的な弊害なのである。この近松の議論がどれほど藩の政策を反映したものであるかはわからない。しかし、藩が強行に儺追祭に介入し、統制しようとした動機には、儺追祭、なかでも特に儺負捕りが、このように藩の経済状態に悪影響を与えるもの、または反体制的な一揆に通じるものとして危険視されるようになっていたことが大きかったのではないかと思われる。そのような具体的な危機意識があったからこそ藩（藩主）は儺追祭を統制の対象にし、知識人たちはそうした公権力の政策を論理的に補強すべく儺追祭についてのさまざまな解釈を行なったのであろう。ここにおいて、外部の知識人によって貼られた「人身御供の祭」というレッテルは、もはや倫理的に拒絶されるものではなく、いかに非道徳的な祭であり、ゆえに改変されるべき祭であるかを、説得的にかつ印象的に示すレトリックとして積極的に活用されるに至ったのである。

2　神官による説明体系の転換

それでは、儺追祭を主宰する国府宮の神官たちは、「人身御供の祭」というレッテルに対してどのような反応を示していたのだろうか。興味深いことに、国学者や神道家などの尾張藩の知識人たちが、このように元禄から寛保にかけて敏感に反応していたのに対して、彼ら神官たちがこれに言及し、批判した痕跡は、この時期の神社側の史料には見出せない。また、そればかりではなく、

「人身御供の祭」というレッテルを払拭する根拠になるはずの祭の由緒についても、わからないとして全く説明されていない。前節でも触れたように、元禄年間から寛保年間にかけて、寺社奉行所からたびたび儺追祭についての問い質しがなされているが、例えば、それに対する元禄一一（一六九八）年の正神主野々部左門及び社僧威徳院による返答書（「岩田家古文書写」所収）では「難負之由緒不分明候、無論難負之神事祭初年暦知不申」と答えているのである。これは明らかに、彼らが人身御供説を否定するような論理的な根拠を、当初持ち得ていなかったことを示していると言えよう。

しかし、その一方で、次のような伝承が積極的に持ち出される。

信長公御在世之時、難負之人捕候儀相止候由ニ付、三ケ年木人形作り、車ニ而往還引渡神事執行仕候由、其刻国中悉ク三災共に起り不豊ニ付、如旧例致執行候様ニとの御事故、爾今無退転相勤来り候事

織田信長が儺負捕りを停止させたので、三年間人形《ひとがた》を使って儺追祭を行なっていたが、国中が災いに見舞われてしまい、結局旧例のごとく人を捕えて行なうようにとのお達しがあった、それ以来変更もなく、また廃れることもなく行なわれている、というのである。これは、儺負捕りの停止と災いとの因果関係を示すことによって、逆に、儺負捕りの執行による呪術的効果（国内の平安や豊

穢など）を強調していると言えよう。

さらに次のような伝承もある。

家康公様関ケ原御出陣之刻、当国之下津村ニて社僧・神主幷社家中御目見江ニ罷出候節、（中略）其刻家康公御意被遊候ハ、爾今難負之人ヲ捕候神事相勤候哉、愈無退転執行可致之旨御意被為遊候、左候ハハ御子様方之飛脚斗、向後用捨可仕候旨御意之由先年より申伝候

今度は、関ヶ原の戦いの際国府宮に訪れたという徳川家康の、この後、儺負捕りを「無退転」に執行すべしという「御意」が、儺負捕り継続の根拠とされている。要するに、この返答書では、祭の呪術的効能の明示とともに、公権力による権威づけが示されることによって、祭の由緒はわからないものの、儺負捕りの執行とその不断の継続は疑うべくもない必須のことであるという点が、強調されていると言っていい。

このように祭の由緒ではなく祭の継続が重要視されるのは、おそらく、この説明が、寺社奉行所に向けた公的な説明であるというよりも、むしろ祭の担い手である村人たちに対して示された意味付けといった性格が強かったためではないかと思われる。つまり、祭を主宰する神官にとっては、村人たちによってそれが実践されることこそ注意を払うべきものであり、したがって、その実践が不断に慣習的に反復されるための意味付けをすることが最大の使命であったはずなのだ。寺社奉行

所からの問い質しに対してもそうした内向けの説明がなされ、また、享保一三（一七二八）年の奉行所への返答書（『当宮儺負神斎留書』所収）でもそれが繰り返されることになるのは、公権力や知識人による統制や外部の知識人による人身御供の祭といったレッテルなどの共同体外部から儺追祭に向けられた視線が、この時点では彼らのなかではそれほど問題化されていなかったからに違いない。

ところが、藩側による祭祀統制の動きが活発になると、神官による祭の説明もおのずと変容していく。特にそれが明瞭に現われているのは、前節でも触れた寛保二（一七四二）年の「一宮騒動」の際、神社側が寺社奉行所へ提出した事件についての意見書（『当宮儺負神斎留書』）だ。もう一度確認しておけば、一宮騒動とは、一宮村へ向かった儺負捕りの一隊に対し、待ち構えていた大勢の村人たちが貝や鐘を鳴らし喊声をあげて立ち向かい、数人の寄進人を斬りつけ刃傷に及ぶといった事件であった。正神主野々部左門を初めとする社家一同は、この事件について、「畢竟、御上江敵対仕候も同様之御事ニ御座候」と厳しく批判しているが、その根拠に挙げられているのが、儺追祭に付されているというさまざまな権威付けなのである。

当社神祭之儀ハ、本邦無双之大祭、其方趣厳重ニして、小儀ならぬ謂御座候付、世々之天子任宣旨幷御庁宣之状ニ不可懈怠、神事勅命・将軍家之御下文・源家累代、就中御当家祈御武運御長久候神祭ニ而、不依自国他邦、一人召捕之、天下之災難之祓・祈五穀豊穣・万民安全候神

祭ニ而、止往還之通路、国中之万民相慎罷有候御国法ニ而御座候

ここでは、元禄年間や享保年間に呈示された信長の祭祀停止のエピソードによる祭の呪術的効果は捨象されている。代わりに祭継続の根拠として持ち出されるのが、先の家康の「御意」に加え、天皇の宣旨・勅命である。そしてさらに、この祭が天下の災難を祓い、五穀豊穣を願うばかりではなく、徳川家、なかでも尾張徳川家の武運長久を願う神祭であること、すなわち、儺追祭の公的な性格が強調されている。これは明らかに、藩による祭統制の目論見を考慮した外向けの説明であると言えよう。祭の存続の如何は、もはや内向けの説明では対処しきれない事態にまで及んでいたのである。

さらに、翌寛保三（一七四三）年に祭祀改変の命が下された際、神社側から提出された上申書『儺追由縁神事次第』になると、祭の由緒とその公的な性格がより巧妙に語られるようになっていく。祭の由緒については次の通りだ。

凡儺負ト云《（ママ）》ル事ハ祓之理事ヨリ起リテ、天下国家之悪鬼・邪気・病難・田圃之障虫等ヲ追掃ヒ清気浄地トナスノ神事也、是ヲ祓ハ即天下安全・五穀成熟・国家豊饒・万民快楽之祈禱也、此儺負ト煤掃節分之豆ヲ打事、元同一理ヨリ事ノ替リタル也、於禁中者追儺ト申、殿上之侍臣桃弓・葦之矢ヲ以鬼邪悪ヲ射掃フトナン、神祇官ヨリハ神祭ヲ務メ、御神楽等アリ、（中略）

是貴賤トモニ同シ、亦煤掃キノ節モ儺負之形アリ、今ニ至リテ上ヨリ下迄、其日誰ゾ捕エテ胴ヲ打事アリ、是ニグル人ヲ捕ラヘ、儺ヲ負スルノ事トテ仕来ヌ

要するに、儺追祭は、煤払いの節分の行事と、そして朝廷の追儺《ついな》と同じ起源を持つ祓いの神事であるというのである。ここにおいて、儺追祭と朝廷の祭との関係が初めて明示された。そうして、さらに、その論理は次のような道具立てまで調えられて補完されている。

於㆓当社㆒儺負神事雖㆓末代㆒無㆓懈怠㆒勤行可㆑仕旨、従㆓禁中㆒奉㆑拝㆓受節刀㆒木太刀鈴ナリ、惣而勅宣・軍将院宣之軍将等其時代ニヨリ、亦御印之品ニヨリ節刀、亦ハ節度式ハ官刀なと申トナリ、当社ニテハ節刀亦ハ官刀ト申来レリ、今院宣ナト将軍家ニテ被㆑為㆓取扱㆒ト同事也、依㆑為㆓神事㆒神代之以㆓余風㆒賜㆓節刀㆒由申伝フ

木太刀に大鈴を付け榊に結わえたものを神官が儺負捕りの先頭で振りたてる。そうした儀式が、儺負捕りの出発に際して行なわれるのだが、この大鈴を付けた木太刀を朝廷より拝受した「節刀《せっとう》」だとしているのである。節刀とは、『国史大辞典』によれば、「天皇の命を奉じて、海外に派遣される大使や反乱鎮撫の大将軍に授けられる任務の標識」を言う。すなわち、節刀を持っているということは、儺追祭、特に藩からの非難の的になっていた儺負捕りが朝廷からの命を受けた天下鎮撫

の祭という名目を得ていることを意味するのだ。

このように、儺追祭存続の危機に直面し、神官たちはより高次の権威を取り込んで、外向けの合理的な説明を試みていく。しかし、こうした説明は必ずしもこの時点では神官の間で共有されていたわけではなかったようだ。というのも、権神主蜂須賀主水定房が同年に尾張藩に提出した『儺負人捕書付』では、この節刀説は、「於当社右之記録承不伝候」ことであり、「左門（正神主―引用者註）親、兵庫助色々偽をたくミ出し、中聞置候事共を書記」したものであると批判されているのである。この権神主蜂須賀主水定房は先述したように、正神主と対立関係にあり、ゆえに藩側から要請されていた儺負捕りの停止には賛同の意を表していた。正神主による節刀説への容赦ない批判は、そのような文脈のなかで行なわれていたわけだが、このような批判が内部から起こったという事実は、逆に、正神主によって試みられたこの外向けの説明が、あまりにも急場しのぎの唐突なものであったことを裏書きしていると言えるだろう。国府宮の神官たちは、尾張藩の知識人たちに比べ、外からの視線に鈍感であり、ゆえに祭を取り囲む状況の変化にも対応が遅れたのである。

結果、言うまでもなく、儺追祭は寛保三（一七四三）年に改変され、儺負人には雇人が充てられることになるが、それから五十余年後に神社側から尾張藩に提出された『国府宮社記』（寛政一〇〔一七九八〕年）では、ようやく、正神主野々部茂富と権神主蜂須賀常栄とが共同して儺追祭の由緒を著わすようになっている。そこでは、面白いことに、節刀説に、先に触れた名古屋東照宮の祠官であった吉見恒幸が著わした『国府宮神記』での大蛇退治説を加えた折衷案が展開されているのである。

夫儺負祭ハ也者攘二除スル国中之凶邪ヲ一之祭祀也、故不レ限ラ二彼此国者ノ一捕ニ二往還之人一人ヲ一来リ作リ二大蛇《ヲロチ》之形ニ一結ヒ二分ケ於髪ヲ一、灯シレ火ヲ交トリレ身、其後神主負ヒレ餅ヲ蓋シ持チ一負スル 於国中之災難《ハサハイ》ヲ一之儀謂フ二之儺負ト一、是レ社法也、尤勅許之神祭而有リ二節刀一、賢木《サカキ》大刀ヲ結ヒレ鈴ヲ結二附ケ鎮守三社ノ尊号之秘符ヲ一、於テ二神前ニ一受ケ二節刀ヲ一祝ノ長守ルレ之、社輩正シレ列鑓長刀ノ外シレ鞘ヲ令シメレ持二従者ニ一為ス二発向一、（中略）及テレ夜ニ有二行事一、慰ム二稲田姫ノ神慮ヲ一、社人俸ケ二饌幣帛ヲ一社僧唱ハフ二国内神名一、蓋シ儺負者則チ大蛇之形代《カタシロ》、而木刀則ハ模スル下所レ斬ル二大蛇ヲ一之十握ノ剣ニ上者、而平二邪気ヲ一之意也

「捕二往還之人一人一」とはあるが、もはや雇人をもって形式的に行なわれるようになった儺負捕りそのものの意味は強調されていない。むしろここでは、祭全体の意味付けに重きが置かれていると言っていいだろう。すなわち、儺追祭は、記紀神話にある大蛇退治譚になぞらえられており、儺負人を大蛇に見立てて稲田姫の神慮を慰めるものであり、同時に、儺負人に背負わせた餅によって、国中の災いを除する祭である、と。そして、さらに、儺負捕りの際の大鈴の付いた太刀を天皇から賜った節刀とし、夜の儺追神事の際の木刀を神話のなかの十握剣《とつかのつるぎ》とする視覚的演出によって、祭の正統性が暗示されているのである。

そうしてまた、ここにいたって、人身御供説への言及もなされている。すなわち、先述した偽作

『先代旧事本紀大成経』への天野信景による批判を引きながら、「然不レ知二神秘一者以為二淫祀一」と、それを強く否定しているのだ。言ってみれば、人身御供説の否定は、朝廷と結び付けたより強固で論理的な説明を補強する形でなされていると見ることができるだろう。

3　村人たちによる「人身御供の祭」という語りの受容

このような国府宮の神官による説明の変容の経緯から、外部の知識人から貼られた「人身御供の祭」というレッテルに対する神官たちによる否定が、共同体外部に向けられた公的な説明体系の確立によってようやく試みられるようになったことがわかる。人身御供の祭というレッテルへの対応の、国学者や神道家などの尾張藩の知識人たちと国府宮の神官たちとの間のこのような大きな相違が、彼らの祭への関わり方の違いに起因することは言うまでもない。知識人たちは、藩内の秩序を維持し、その運営を潤滑化させるために、公権力に助言する立場にある。ゆえに、人身御供の祭などというレッテルは許すまじき汚名であり、払拭すべき対象なのだ。天野信景や吉見幸和などがそのレッテルを利用して祭の統制を藩主に促したのは、そうした知識人たちを含めた公権力の側の倫理観を逆手にとった巧みな戦略であったと言える。そうであるからこそ、寛保三〔一七四三〕年、祭祀改変が執行されて後の、尾張藩士や知識人による地誌、例えば、『張州年中行事鈔』（明和六〔一七六九〕年）や『尾張八丈』（文政一〇〔一八二七〕年）、また『尾張名所図会』（弘化元〔一八四四〕年）などになると、再び人身御供の祭というレッテルが否定の対象となっていくのだ。

一方、国府宮の神官たちは、祭を主宰する立場にあり、祭に間接的にしか関わらない国学者や神道家に比べ祭への距離感は近しい。特に末端の社家たちは、寄進人を引き連れて自ら儺負捕りに乗り出していくことからすると、まさに祭の担い手、いわば当事者である村人に近い立場にあったと言える。それでは、村人たちは、人身御供の祭というレッテルをどのように受けとめていたのだろうか。

村人たちの言葉を直接知ることは、さまざまな記録を残している知識人や神官に比べなかなか困難である。ただし、儺負捕りをめぐる村の庄屋などによる訴えや、奉行所からの問い質しに対する返答書などいくつかその手掛かりとなりそうなものもないわけではない。例えば、元禄一四（一七〇一）年に起こった、儺負捕りに出向いた者のうち一人が勝幡村の村人に殴られ、額や肩を斬られたという事件についての石橋村庄屋から神社へ出された口上書（『当宮儺負神斎留書』所収）がその一つだ。しかし、そこには、残念ながら、事件の経緯とその事実関係が記されているのみで、人身御供の祭というレッテルをどのように受けとめていたのかがわかる言葉は見受けられない。また、寛保二（一七四二）年の「一宮騒動」の際には一宮村の庄屋及び組頭の連名で、寺社奉行所に返答書（『当宮儺負神斎留書』所収）が提出されているが、そこには、儺追祭と一宮村との歴史的な関係や、尾張一宮（真清田神社）の神威などの強調により、横暴な儺負捕りを執行する神社側への非難が、雄弁に語られている。だが、ここでもやはり、外部の知識人による人身御供の祭という記述やそうした噂についての言及は見られない。

村人たちの認識を知りうる史料は現在のところこの二つのみではあるが、無理を承知でここから推測してみると、少なくとも祭祀改変以前には、村人たちの間でも、神官たちと同様に、人身御供の祭という外部から貼られたレッテルがそれほど問題にはなっていなかったと考えられるのではないだろうか。

それでは、神官や村人など祭に直接関わる者が、そのように外部からの視線に敏感にならずにいられたのはなぜだろうか。その理由の一つとして考えられることは、儺追祭の行なわれる現場の閉鎖性の問題である。というのも、儺追祭は、藩からの統制の標的にされるまでは、旅人や飛脚など外からの人の流入が結果的にシャットアウトされた、いわば一時的に閉じられた共同体空間のなかで実践されていた。実際、現在残っている貞享二(一六八五)年から寛保三(一七四三)年までの記録には、宝永六(一七〇九)年の美濃国の「百姓」以外は、すべて尾張内の、しかも神社周辺の村の者が儺負人として捕えられている。すなわち、そうした自己完結性の強い祭であったからこそ、祭の慣習的実践が反復される限りにおいては、外部からの祭の解釈に対する自発的な反応が起こる余地はなかったと考えられるのである。

では、祭祀改変以後はどうであろうか。既に見たように、神官たちの対応は、明らかにそれ以前とは様相を異にしている。彼らは、儺負人を雇人にするという新しい形式を受け入れ、それに対応する祭の新たな論理的意味付けを補強する形で、人身御供の祭という外部からのレッテルを否定したのであった。それは、外に向けられた説明であると同時に、おそらく、共同体の内部、すなわち祭の担い手たちを、新しい事態においても祭が継続的に実践されるように促すための意味付けであったと言える。

しかし、面白いことに、村人たちの間には、神官の意図とは反対に、人身御供の祭という語りが受容されていった形跡を見ることができるのだ。尾張藩士であり、郷土史家でもあった蛙面坊茶《あめんぼうちゃ》町《ちょう》の『蓬州旧勝録』（安永八〔一七七九〕年）の次の記事には、村人たちによるそうした語りの受容が確認できよう。

> 土民俗言に、当社はこたまの明神と申奉り、本地十一面観世音也といふ。正月十三日儺負といふ事在り。十二日より路行人を捕へて是を執り行ふ。昔は贄、人身御供に備へしが、今は其沙汰は無く、捕へたる者を神前に置て、禰宜共に集まり、髪を分け束ね、九万の八千疫神春屋の形を造り、四方に人々是を投げ付けて、上一人より下万民に至る迄、一天下の人代に彼難を負せ、年中の邪気を去るに仍りて儺負といへり。（中略）氏子亦ハ願の有ル人、其捕手を役須。丹羽・中島両郡の内走せ廻る也。往来の旅人ハ、萩原宿・清洲宿問屋より切手出ス。両郡の鍵役にて、家毎に一銭宛集メて雑用と須。其人代に立たる者壱貫文貰ひ受け帰る。多くハ空気に成り必ず短命也と云。定りて直ニ勢州へ参宮する事とぞ。（傍点引用者）

「土民俗言」というのを、「土地の人々の噂」ととらえれば[15]、ここからは、村人たちの間に、神社側の説明せんとしていた「節刀」説も「大蛇退治」説も浸透していなかったことがわかる。だが、それればかりでなく重要なのは、彼らが、昔は贄として人身御供をお供えしていたが、今はそうしたこともなくなり、一貫文で雇った人に難を負わせ、邪気を払う祭を行なっている、としていることだ。すなわち、そこからは、外部の知識人によって貼られた人身御供の祭というレッテルを、自分たちの現在行なっている祭の起源を説明する、過去の物語として受容している様子をうかがい知ることができるのである。

いったい、「人身御供の祭」という「他者の語り」が、祭の担い手である村人たちの間に、いわば「自己の語り」として受け入れられるというのはいかなることを意味するのか。最後に、その点について、儺追祭の現場へと再び目を向けることによって、考察してみよう。

四　「人身御供の祭」の行方と祭における暴力

1　祭祀改変という事態がもたらした祭の現場の変動

儺負人を雇人にするという祭祀改変以後、儺追祭はどのように行なわれるようになったのか。その様子は、初めに触れた『尾張名所図会』を含め、江戸後期におけるいくつもの絵図に描かれている。例えば、猿猴庵南志《えんこうあんなんし》の『国府宮祭記』〔江戸後期〕に描かれたのは、図3に示した儺負捕りの様子である。その詞書には、次のようにある。

社人寄進の者揃つてなをいをとりに出立時、（中略）酒を呑て門外に出、直に薙刀をぬきはなし高くさし上或は手をひろげて走る、数十人の足音雷のことし、剣先いなびかりに異ならず、扨なをひの人は当年あきの方に立てあり、各これをとらへて先ず田の中へつきおとしなどして大勢とりまきてはしらす事数遍也、長太夫をはじめ社家の輩供なひて神前につれ来るなり

「なをひの人は当年あきの方に立てあり」というように、図絵の左上にあるのがおそらく予めその年の恵方に立たされた雇人であろう、そこに寄進人たちが槍刀を振りかざして押しかけていく様子が描かれている。そして、捕えられた儺負人は、田の中につきたおされるなどの暴力的な扱いを受けるのだ。しかし、これは、祭祀改変以前の儺負捕りの暴力とは明らかに異なる。儺負人が無差別的および強制的に捕えられていた時には、捕えられる側の村人たちは「自分が捕えられるかもしれない」という恐怖と苦難を強いられていた。そして捕える側の寄進人の方もまた、儺負人の選択が偶然性に委ねられているがゆえに、いつ何時、暴力の矛先が自分の方へ向けられるかもしれないという恐怖を常に感じていたであろうことも、想像に難くない。そのことは、例えば、今村仁司による第三項（スケープゴート、犠牲）排除の理論に当てはめてみればわかりやすい。今村は、社会のもつ構造的な暴力における第三項選択の偶然性について次のように説明している。

カオス的状況では、共同体の全員が無差別的に同質化し、互いに判別のつかない分身になる。共同体の成員から第三項を選び出すということは、この分身群のなかから排除される第三項を選ぶことを意味する。分身は互いに差異はないのだから、予め決められた有徴項なるものは存在しえない。（中略）どの分身を有徴項にするかは全く偶有的である。白羽の矢が当るのは、神のおぼしめすままである。運を天にまかせて白羽の矢を放つ。矢はどの分身に当るかわからないが、どれかには当てはまるだろう。偶々矢の当たった分身が、有徴項になり、排除される第三項になる。どれでもよい、誰でもよい、どれか、誰かを第三項（犠牲

（出典『尾張大国霊神社史料』尾張大国霊神社，1977年）

図3 『国府宮祭記』

者）にすることで、相互分身状態のカオスを終焉させることになる。〔今村 一九九二 二一七〜二一八頁〕

第三項排除の暴力では、共同体の全員が同質化し、相互暴力の状況に陥る。その状況のなかで第三項（犠牲者）が偶然的に選択され排除される

というのが第三項排除の構造であるというのだ。この第三項排除という集団的暴力についての一般理論にそって考えれば、選択の偶然性による儺負捕りの暴力は、捕える者（寄進人）から捕えられる者（近隣の村人や旅人）への単純に一方向的なものとしては把握できないと言える。誰が儺負人になるのかわからないという状況では、寄進人もまたその暴力の標的にされる可能性を有している

のだ。それは、具体的な場面では、寄進人が村人たちに抵抗されて切り払われたり、袋叩きにされるという暴力事件として表面化していることからも想像できよう。すなわち、祭祀改変以前の儺追祭は、深層的には、捕える者（寄進人）と捕えられる者（村人）との間の反転可能な相互暴力の可能性を有する緊張関係の上に成り立っていたものと理解することができるのである。

しかし、儺負人が雇人になることによって、そうした緊張関係は当然緩和されることになる。なぜなら、『国府宮祭記』の詞書にあったように、儺負捕りは、初めから決められた儺負人を恵方に立たせておいてわざわざ捕えに行くという、予定調和的な結末を常に迎えるのであり、したがって、村人の間でもまた寄進人の間でも、自分に暴力の矛先が向くという恐怖や緊張感が稀薄化しているからだ。

また一方で、こうした祭の現場における緊張関係の緩和が、祭の見世物化を進展させていくことも見逃せない。祭祀改変以前の儺負捕りでは、村人は皆戸を閉めて家に籠り、旅人や急ぎの飛脚さえも儺負人として捕えられるのを怖れて、近くの宿場で逗留していたことは既に見てきた通りだ。だが、儺負人が雇人に定められることによって、祭祀改変以後には、図3を見てわかるように、子供や女性を含め、多くの見物人が儺負捕りの様子を見ようと群がってくるようになっているのである。[16] そうであれば、『国府宮祭記』の詞書に書かれていたような儺負人を田の中に突き落とすなどの暴力的な行為は、観客を意識したパフォーマンスと考えることもできるであろう。すなわち、ここにおいて、儺負捕りにおける暴力的な要素が、演技化されている様子を見て取ることができるのだ。

村人たちによる人身御供の祭という語りの受容は、このような祭の現場における大きな変動のなかでとらえなおす必要がある。儺追祭は、閉鎖的な共同体空間の緊張関係のなかで慣習的に繰り返されうるものではもはやない。そこに、「昔は人身御供をお供えしていたが……」という過去の異習についての語りとして、人身御供の物語が受け入れられたのだ。つまり、それは、村人たちが祭の現場の変動に対応し、公権力の下に統制された現在の祭への継続的な参加を意味付けるために、いわば「剥き出しの暴力」の発生した「いまわしい過去」との断絶を示す物語として受容されたと考えることができる。そうであれば、それはまた、祭を統制しようとする公権力の規範が村人たちに内面化されたことをも意味すると言えるだろう。

2　反復される暴力と公権力による統制、そして人身御供の語り

しかし、「自己の語り」として受容された人身御供の語りは、このように祭の統制を正当化し、その規範を内面化する方向へ作用すると同時に、それとは正反対の方向へも作用しているように思える。というのも、寛保三（一七四三）年の祭祀改変以後も現在に至るまで、儺追祭は繰り返し統制の対象にされてきたからである。例えば、明治初年頃には、儺負人は雇人から志願者へと変わっている。[17]確かなことはわからないが、これは、明治六（一八七三）年一月に愛知県より、男子を捕えて祭事に供するのは粗暴であるとして再び変更が命じられた〔田島　一九八三　四一〇頁〕ことと

関係しているのではないか。また、明治三二（一八九九）年には、儺負捕りのさいの裸体を禁じ、二ノ鳥居内の参加者を三百人に制限するという規制も行なわれている〔田島 一九八三 四一〇頁〕。そして、現在では、大勢の機動隊が出動し臨戦体制のなかで祭が行なわれ、逮捕者が出ることもある。こうした公権力による祭への介入がたびたび行なわれるということは、逆に見れば、祭祀改変以後も、祭の現場において、統制から逸脱し制御できない突発的な暴力が発生する事態が生じていたことを意味すると言えるだろう。

現在の祭を見てみると、昼の祭において、参加する数千人の裸男たちは、皆一心に儺負人に向かって群がっていく。それは、儺負人に触れて自分の厄を落とすためだと神社側は説明するが、実際の祭における裸男たちの勢いはそうした公的な説明を超えたすさまじさがある。だからこそ、儺負人（神男）は自己防衛のために剃髪し陰毛を焼いて、裸体になり、また、神守りと呼ばれる頑丈な男たちに四方を囲まれて守られながら、殺気立つ裸男たちのなかを通り抜けなければならないのだ。つまり、祭における暴力は、統制され、それゆえに演技化されながらも、一方では、祭の現場において突発的な暴力の発生を予感させる緊張関係が創出されているのである(18)。

また、それに並行して、新たな人身御供の語りが発生していることも看過できない。それは、「昔、殺気立った裸男たちの前を通り過ぎようとした若い女が、男たちに裸にされた上に死んだ」という話で、私が一九九九年の儺追祭を調査した際に、祭に直接関わる地元の男性たちの多くが異口同音にこの話をしてくれたのである。この「事件」が実際に起こったことかどうかはわからない。

それが「いつ」のことであるかも人によって「記憶」はまちまちである。しかし、その口ぶりから彼らがそれを「本当にあった過去の出来事」としてリアルに認識していることは確かだ。とすれば、この女の「犯し」と「殺し」という語りは、「人身御供」の現代的読み替えと理解することも可能なのではないかと思われる。

このように見てくると、儺追祭においては、「暴力の発現→公権力による統制→暴力の演技化→人身御供の語りの受容（発生）」というプロセスが何度も反復されてきたことがわかる。そうであれば、そこで受容された人身御供の語りは、「剥き出しの暴力」の発生する「いまわしい過去」と現在の祭とを断絶すると同時に、一方では、演技ではない「本来の祭」を希求する人々のなかで、そうした祭における緊張関係を再現し、新たな暴力を誘発する想像上の装置としての役割も果たしているると言えるのではないだろうか[19]。

＊

以上、尾張大国霊神社の儺追祭に貼られてきた人身御供の祭というレッテルに対し、尾張内部の人々がどのように対応してきたのかを、祭の現場との関わりのなかで検討してきた。その対応の仕方は、祭との関わり方の相違によって異なっていたが、祭の現場の大きな変動を契機に、祭の担い手である村人たちの間でそれが「自己の語り」として受容されるようになるプロセスを浮び上がらせることができたと考えている。

確かに、寛保三（一七四三）年の祭祀改変以前の儺追捕りにおいても、捕えられる対象が大名や僧侶などを除く男性に限定されていたし、また実際に儺負人として記録に見られるのも「百姓」ばかりであるということからすると、その時点で既に祭において発生する暴力が、無秩序的な「剥き出しの暴力」ではなかったことは認めざるをえない。

しかし、複雑な祭の変容の過程をあえてこのようにわかりやすく単純化して検討することによって、そこに、祭と人身御供の語りとの関係の、一つのモデルを見出すことができるのではないだろうか。すなわち、人身御供の語りが自己の祭の由来についての語りとして伝承される場合、それは、祭における暴力性が稀薄化したところに受容された可能性があるということ、そして、その受容された「自己の語り」としての人身御供の語りは、原初の「剥き出しの暴力」からの決別とともに、それへの希求を促し、新たな暴力の発生を誘発する機能を祭の現場において果たしているということだ。

この祭と語りとの関係のモデルを他の人身御供の伝承される祭の検討にどの程度適応させることができるかについては、次章以降でいくつかの試みを行なうつもりである。いずれにしても、「人身御供」の研究を春日直樹のいう「毒そのもの」の洞察へと近づけるために、本章での見通しが一つのステップにはなり得るものと考えている。(20)

第二章　祭における「性」と「食」

一　問題の所在——儺追祭のケースを振り返って

第一章において私は、近世以来度々人身御供の祭と見なされてきた尾張大国霊《おおくにたま》神社で行なわれる儺追祭《なおいまつり》を分析することを通して、人身御供の祭という語りと祭とがどのような関係として議論できるのかを考察してきた。近世の史料を検討してみると、儺追祭の場合、「あれは人身御供の祭だ」と見なしたのは、当初は、尾張外部の、特に都会の知識人であったことがわかる。しかも儺追祭をめぐる人身御供の祭という記述はどれも、『今昔物語集』や『宇治拾遺物語』などの人身御供譚を参考にしたと思われる一定の型を有していた。つまり、人身御供のレッテルは、都会の知識人による異郷（辺境）への偏見の所産であり、その祭を都会人の好奇心をくすぐる奇祭として紹介する際の、常套的な表現であったと言えるのである。そしてそれは、次第に、祭の担い手である村人たちの間に、祭の起源を説明する、いわば「自己の語り」として受容されていった。儺追祭をめぐる人身御供の語りには、このように、「他者の語り」から「自己の語り」へという変遷をたどることができたのである。

だが、ここで改めて確認しておきたいことは、では、自分たちの祭について「昔は人身御供の祭であった」と担い手である村人たちが語り始めるのは、いったいどういうことなのかということである。それが、本章における第一の問題関心なのだが、第一章において私は、祭の現場の変容からその背景を論じたのである。

繰り返しをいとわず前章での議論のポイントを整理しておけば、近世の儺追祭では、その年の災厄を負わせる「儺負人《なおいにん》」として往還の村人を無差別的に捕えてくる儺負捕りが行なわれていた。儺負人には誰がなるのかわからない。儺負人の選択は、儺負人を捕えに行く寄進人の集団が最初に出会った者という偶然性に委ねられていたのである。そこでは、槍や刀で武装した寄進人たちが、集団となって儺負人を捕えに向かい、そして、運悪く儺負人として捕えられた者は、寄進人たちに殴る蹴るの暴行を受けながら神社まで無理やり連れてこられた。要するに、近世の儺追祭は、死に至る可能性さえある儺負人に誰がなるかわからないという状況から生じる、村人たちの恐怖と緊張の上に成り立っていたのである。

ところが、寛保三（一七四三）年の尾張藩主による祭祀改変の命を契機に、一貫文を払って儺負人となる者を雇うようになったことで、儺追祭の現場は一変する。というのも、あらかじめ恵方《えほう》に立たせておいた儺負人をわざわざ捕えに行くようになったことで、それまでの祭を成り立たせていた恐怖や緊張関係は稀薄化し、祭は予定調和的な結末を常に迎える演劇的要素の強いものへ変貌していったからである。

興味深いのは、人身御供の祭という語りの村人たちへの受容が、こうした祭の大きな変容の後で生じたことだ。つまり、そうした祭の変動に対応した祭継続の新たな意味付けとして、人身御供の祭という語りが要請されたのではないか、と考えられるのである。そうであれば、それは一方では、「剥き出しの暴力」の発生したいまわしい過去との断絶のために、また一方では、演技ではない「本来の祭」を希求する人々の間で、祭における緊張関係を再現し、新たな暴力を誘発する想像上の装置としても必要だったのではないか、と考えられるのである。

以上、第一章における議論の要点を簡単にまとめたが、儺追祭の場合、「昔は人身御供の祭だった」という人身御供による祭の起源譚の発生（受容）は、祭における暴力性の稀薄化との関係で考えられた。すなわち、「自己の語り」としての「人身御供」の語りは、変容した祭の暴力的な要素を補完する役割があるのではないか、ということである。では、こうした人身御供の語りと祭との関係は、他の人身御供に関わる祭についても言えるのだろうか。本章の目的の一つは、それをいくつかの祭についての具体的な分析を通して確認することにある。そしてそれとともに、さらに、前章では十分議論しきれなかった問題、すなわち人身御供における「食」の問題にも言及したいと考えている。

それは、寛保の改変以前の儺追祭について都会の知識人が記述したものに、必ず次のような場面が描かれていたことに関係する。

　大きなる俎板一器、木にて作れる庖丁生膾箸をまうけ置、又人形を作りて捕はれたる人の代として、末那板のうへに据て、その傍に捕はれし人を居らしめ、神前に備へ進する事一夜なり。

（『諸国里人談』）

俎板と庖丁など調理道具まで調えられて、儺負人は神前に一晩供えられる。すなわち、ここでは、儺負人はまさに「神の食べ物」としてとらえられているわけである。神社側の記した神事次第からすれば、このような所作は実際には行なわれていなかったようだが、都会の人々が、儺追祭を「神の食べ物」として人を供えるかのように描写していたことは注目に値しよう。確かに、儺負人についてのこのような描写には、『今昔物語集』や『宇治拾遺物語』などのイケニエ譚が影響していたと推測できよう。だが、祭祀改変以降に村人たちが過去の祭を説明する際にも、「昔は贄、人身御供に備へしが」（『蓬州旧勝録』）と、やはり、儺負人が「贄《にえ》」、すなわち「神の食べ物」として表現されていることからすれば、儺負人として捕えられた者と神の食べ物を結びつけるような認識が、当時、人々の間に共有されていたと考えることも十分可能であるように思われる。

　この点に関連して注目したいのは、神話学者の高木敏雄が『人身御供論』のなかで、人身御供をめぐる次のような論点を呈示していることである。

（前略）自分は人身御供と人柱とを同じカテゴリーの下に置くことを好まぬ。もちろん人間をある目的のために犠牲にする点から見ると、一種の人身御供に相違ないようだけれども、少しくその概念を分析して見ると、異ったところがいろいろある。第一、人柱は神の食物として捧げるのではない。第二、年々の恒例として神を祭るための目的でもない。第三、祭祀の儀式が必ずしも必要ではない。〔高木 一九一三 六一頁、傍点引用者〕

「人身御供」と「人柱」は同列には扱えない。人身御供の物語では、毎年の祭祀の「神の食べ物」とするために犠牲が選ばれるのであり、一方の城や橋、堤の建設にまつわる人柱は、「殺す」もしくは「生き埋め」にすることによって生じると考えられた呪力に対する信仰であって、それは決して「神の食べ物」とすることを目的とはしていないからだという。人身御供と人柱のこうした相違点については終章でさらに詳しく検討する予定だが、要するに高木は、ここで、人柱の伝承もイケニエの伝承もすべて人身御供の実在性を示す証拠と見なす当時の議論の大勢に異論を唱え、犠牲となる者が「神の食べ物」か否かということがその区別の重要な指標になると指摘しているのである。

明治四四（一九一一）年に『仏教史学』に発表された「宗教学と仏教史」で、加藤玄智が、仁徳紀にある茨田《まむた》の堤にまつわる人柱の伝承や、『今昔物語集』などのイケニエの話など、数多くの説話伝承を挙げて、「日本に人身供犠が古くから行はれておつた事」〔加藤 一九一一 五四頁〕の証しだと指摘し、それに反発した柳田国男との間で、人身御供実在説をめぐる論争が起こったことは、既に前章で述べたところだ。高木敏雄のここでの議論も、この論争を受けたものであり、彼は、柳田と同様に、加藤の人身御供実在説に対して徹底的な批判を試みようとしていたのである。したがって、高木敏雄の関心はもっぱら人身御供が実在したか否かにあったのであり、人柱と人身御供を区別するためのこの「神の食べ物」という指標も、一種の「マジック」〔高木 一九一三 六一頁〕であるこの人柱の風習が日本にもあった可能性は百歩譲って認めたとしても、人を食べ物として神に捧げるなどという野蛮な行為は日本では絶対にありえないという強固な「信念」を持った高木の、人身御供実在説に対抗するために築いた防御線であったと考えた方がいいだろう。

本章における私の主眼は、もちろん人身御供が実在するか否かを実証的に検討することではないし、また、人身御供と人柱とを概念的に区別することでもない。それは、これまでも述べてきたように、自分たちの祭の起源をその担い手たちが人身御供の祭として語ることの意味を考察することなのである。そうした関心の相違を考慮した上で、この高木の指摘に私が興味を引かれるのは、現在の人身御供の議論においても、加藤と同様に人柱と人身御供とを、共同体における犠牲の排出という共通の枠組みのなかで扱うものが少なくないからだ。その点についてはまた終章でも詳しく述べるが、いずれにしても、人身御供における「食」の問題、すなわち、犠牲となる者が「神の食べ物」として表象されるという問題が、従来の人身御供論では看過される傾向があったことを確認しておきたい。

しかし、先に述べたように、例えば儺追祭では、儺負人を無理やり捕えてくる暴力性を帯びた祭の内容に、「神の食べ物」として人を供えるイメージを重ね合わせるという、当時の人々に共有された認識が見られた。いったい、祭のなかで「暴力」と「食」はどのような関係で結びつくのか。人々が祭を、「神の食べ物」のために人を犠牲にする物語として描き出す、その志向そのものを明らかにするというこの視点は、おそらく、人身御供の問題を理解する上で欠かせないに違いない。

本章では、そうした問題関心のもとに、人身御供に関わる祭をいくつか挙げながら、由来として伝承する「人身御供」が祭の担い手の間でどのように認識され、どのように表現されてきたのかを考察していく。

二　人身御供祭祀の諸相——「人身御供」に擬された女性が登場する祭

「はじめに」で述べておいたとおり、人身御供に関わる祭を「人身御供祭祀」と名づければ、このなかには、尾張大国霊神社の儺追祭のように、祭に奉仕する氏子の一人、もしくは数人が、物語のなかの人身御供に重ね合わせて表現されるタイプの祭がいくつか見られる。

例えば、山形県鶴岡市大山の椙尾《すぎお》神社の「大山犬まつり」と呼ばれる例大祭（六月五日）では、頭屋《とうや》から出発し町内を練りまわる行列に「仮女房」と呼ばれる着飾った女性が加わるのであるが、そこでは、この「仮女房」の女性が人身御供と見なされているのである。この祭が、「犬まつり」と呼ばれ、「仮女房」が登場する由来は、地元では次のような物語として伝承されてきたという。一九九〇年に「神宿《とや》」（仮屋を設け、一年間神社の分霊を祀る家）を務めた佐藤與右衛門氏が祭の際に執筆した「大山犬祭の由来」というパンフレットからまとめてみよう。

昔、村にはお祭の日に、白羽の矢の立った家の娘を駕籠《かご》に乗せ、行列を組んで神社に差し上げ、駕籠と娘を社前に残して帰る慣わしがあった。ある日、大山を通りかかった一人の六部《ろくぶ》がこのことを聞いて、祭の夜、神社の天井に隠れて様子をうかがっていた。すると、真夜中になって生臭い風が吹き、お宮が揺れたと思うと、まもなく二人の大入道が姿をあらわして、「丹波のメッケ犬に聞かせるな」とつぶやきながら舞い始めた。

三回舞うと「どれ今年もうまい娘が食べられるぞ」と大きなまな板と庖丁を駕籠のそばに置き蓆の戸をあげて、気を失っていた娘を中から引きづり出してまな板の上にのせ、頭、首、手、腹、足と魚でも切るようにはやし《（ママ）》手のところからボリボリ食いはじめた。赤い血が大入道の口からしたたり落ちる。それを又舌でなめる。

これを見た六部は、「メッケ犬を探して来年こそは化物を退治してやる」と言い残してこの大山を立ち去った。丹波の国で苦心の末メッケ犬を見つけ出し、六部がようやく大山に帰ったのは祭の前の晩であった。六部はイケニエとなる娘の身代わりにメッケ犬を駕籠に乗せ、いつも通りの行列をたてて供えた。生臭い風といっしょに現われた大入道が舌なめずりをしながら、駕籠の戸を開けると、唸り声をあげたメッケ犬がとびかかり、長い戦いの末にとうとうその化物をかみ殺し、メッケ犬も血に染まって倒れた。このようなわけで、化物を退治したメッケ犬はその後椙尾神社の御前立ちとなって、氏子たちに敬われるようになり、現在の祭の行列には、メッケ犬を象った犬の張子（「犬曳き」と呼ばれる）と人身御供を象った「仮女房」が登場するようになったのだというのである。

　この物語は、全国に、「早太郎伝説」、「しっぺい太郎伝説」として伝承される犬の怪神退治譚のバリエーションの一つであろう。[1]が、とりあえず私がここで確認しておきたいことは、この物語のなかで、人身御供となる娘が大入道、すなわち神に喰われる場面が生々しくリアルに描かれているということだ。つまり、ここでは人身御供は明らかに「神の食べ物」と見なされているのである。

　では、祭において、それはどのように表現されているのだろうか。ここでも儺追祭の場合と同様に、それを擬した具体的な所作が行なわれるわけではない。ただし、ここでは儺追祭の場合よりも人身御供譚が祭の由来譚として担い手たちの間に定着しているためか、祭のなかでの「仮女房」の所作が物語のなかの人身御供と重ね合わされて説明されることがよくある。例えば、大山自治会で出している「大山まつり」という冊子では、祭当日の朝に「神宿」で行なわれる「追酒盛の儀式」は、「人身御供にあがる仮女房との別れの酒盛り」と解されているし、また、神宿から出発する際に仮女房が乗る駕籠は、「人身御供を乗せた仮女房のかご」とされている。つまり、祭に奉仕する役割の「仮女房」が物語中の人身御供に見立てられているのは明らかだと言えよう。

また、大阪市西淀川区野里の住吉神社で毎年二月二〇日に行なわれる「一夜官女神事」も、祭に奉仕する氏子が人身御供に見立てられるタイプの事例として挙げられる。この祭には、その起源として次のような人身御供譚が伝承されている。

かつて、神社の側を流れる中津川の水害に苦しんでいた村人は、村を救おうという願いから、毎年白羽の矢の打ち込まれた家の娘を唐櫃に入れ深夜境内に供えることにした。それからちょうど七年目、通りかかった一人の武士がこの話を聞き、娘の代わりに唐櫃に入り、人身御供を要求していた大きな狒々を退治したが、この武士こそ当時武者修業中の岩見重太郎であった、というものだ。(2)

この物語のなかで気になるのは、狒々退治の岩見重太郎云々という、いかにも近世に流行した講談的な脚色をうかがわせる結末の部分に伝承の力点が置かれているせいか、儺追祭の場合のように、俎板や庖丁などの調理道具も登場しないし、また、先の「犬まつり」のように、神に娘が喰われる場面についての具体的な描写もない、そのために、娘が「神の食べ物」として供えられたのかどうかということが不明瞭のままである点だ。では祭のなかでは、どうであろうか。

この祭では、毎年、祭に奉仕する「当矢《とうや》」一軒と「官女」七人が選ばれるが、(3)この「当矢」という表記がまさに、物語のなかの白羽の矢の立った家を想起させる表現であることに見られるように、祭のさまざまな場面で、人身御供譚と関連づけた説明がなされている。(4)例えば、祭の当日、神官た

写真３　野里住吉神社の一夜官女神事

ちが行列をなして「当矢」宅まで「官女」を迎えに行き、「官女」とその父親もしくは祖父の扮する「侍」との間で盃が交わされるが、この盃は、「別れの盃」と呼ばれ、人身御供を泣く泣く出すことになった親が娘と交わす最後の別れの場面のイメージを重ね合わせている。そして、特に私が注目したいのは、本殿の神事での「官女」の扱い方である。というのも、「別れの盃」の後、「官女」は、神官に引き連れられ神社に渡ってくるが、彼女たちは、当矢宅から運ばれる神饌を入れた「夏越桶《なごしのおけ》」とともに神前に供えられる、い、い、からである〔写真3〕。ただし、この「官女が供えられる」というのは、祭に参列した時の私の印象であり、祭の担い手たちによる表現でない。だが、供えられた神饌のすぐ側に「官女」たちが神前に向かって据えられ、その状態のままで（つまり、参列者の側に「官女」

たちが背を向けた状態で）、祝詞奏上、神楽奉納などの神事が進行していく様は、まさに「神の食べ物」として供えられた人身御供をイメージさせるものだと言えるだろう。

他にも、例えば、徳島県鳴門市撫養《むや》町の宇佐八幡神社で行なわれる「おごく」（一〇月一三日）では、正装した頭屋の夫人が、頭上に神饌を入れた曲げ物（「はんぼ」）をいただいたまま本殿に上がって神饌を供えるが、その様子や「おごく」という名称から、地元ではこの祭の由来が人身御供との関係から説明される場合がある。また、福井県敦賀市山の稲荷神社で行なわれる初午祭《はつうま》（旧暦二月の初午）でも、人身御供を要求した狒々の退治譚が伝えられ、打掛を着て祭に奉仕する少女が人身御供と呼ばれている。これらの祭でも、女性が人身御供の名残、もしくは人身御供という名称で呼ばれていることからすれば、椙尾神社や野里住吉神社と同様に、その祭で奉仕する女性が「神の食べ物」として犠牲となる人身御供に見立てられていると考えてよいだろう。

三　人身御供祭祀と巫女との関わり――上井説への疑問

ところで、これまで挙げてきた事例に共通する特徴として注目しておきたいのは、祭のなかで人身御供と見なされるのが女性であり、しかも、その女性は、初めに挙げた椙尾神社の「犬まつり」の場合を除いて、いずれも、神前に神饌を供進する役割を果たしているということだ。改めて確認しておくと、先にも述べたように、宇佐八幡神社の「おごく」では、頭屋の夫人が神饌を入れた

「はんぼ」を頭上にいただいて本殿まで運び、神前に供えるのである。しかもこのとき神官以外の男性は手前で控えていなければならないのであるから、人身御供の名残とされる女性のそこでの神饌の供進が祭のなかで重要視されていることは確かだろう。

また、敦賀市山の稲荷神社で「人身御供」と呼ばれる少女は、自らが神饌を供えるわけではないが、神社の鳥居から本殿まで行列をなして渡るときに、昆布や蕨《わらび》、神酒、赤飯などを入れたおひつを「御供昇衆《ごくかきしゅう》」と呼ばれる四人の男性の奉仕者が担ぎ、その下に「人身御供」の少女が立って、「腰元」と呼ばれる母親に相当する年齢の女性に付き添われて進むのである。(5)同じように、野里住吉神社で「官女」とされる七人の少女たちが「当矢」から神社に渡る際にも、神饌の入った七つの夏越桶を「供奉人」と呼ばれる青年たちが担ぎ、それぞれ「官女」の側について進む形をとっている。そして、先述したように、「官女」たちは、神事の間中、神饌とともに神前に据えられるのである。

確かに、山の「人身御供」と野里の「官女」はいずれも実際に自らが神饌を運ぶわけでも、また神前に供えるわけでもないが、このように、常に神饌との関わりを持たされていることからすれば、宇佐八幡神社の「おごく」の場合と同様に、形式上は、この二つの祭でも、人身御供として見立てられた女性が、神饌の運搬と供進の役割を負っているといると考えてもよいだろう。

では、椙尾神社の「仮女房」の場合はどうか。現在の祭では、行列するときにも、また本殿での神事の際にも「仮女房」は神饌を運んだり、供えたりといったことはしない。しかし、昭和二六

（一九五一）年の菅原兵明による「大山犬祭の一考察」には、「行列中のおかごに乗った女性（「仮女房」―引用者注）の正面には鏡が安置されて」いて、「此の女性と鏡の中心には、正式な器に沢山の珍味珍果が、うず高く供へられてある」〔菅原　一九五一　二一頁〕という記述が見られる。このことを考えると、「仮女房」もかつては神饌を神前に運び、供える役割を負っていた可能性があるだろう。(6)

しかし、さらに視野を広げてみると、女性によって神饌の運搬と供進が行なわれる祭は、人身御供祭祀に必ずしも限られているわけではないことがわかる。例えば、熊本県阿蘇郡一の宮町の阿蘇神社で旧暦六月二六日に行なわれる「おんだ祭」での「うなり」は、神饌を頭上にいただいた一四人の女性の行列として有名だが、他にも、京都市左京区北白川の天満宮の大祭（一〇月七日）では、三升の米を炊き、その飯を円筒状に固めた「盛相《もっそう》」と、里芋や大根膾《なます》などを円錐状に積み上げた「高盛」、そして三升の洗米をそれぞれ槽に入れ、それを、紋付小振袖赤前垂姿の小学生の少女、未婚の女性、既婚の女性の三人が、それぞれ頭上に乗せて神社の鳥居まで運ぶ行事が行なわれている〔岩井　一九八一　一八七～一九三頁〕。また、大津市山中町の樹下《じゅげ》神社の例祭では、「御膳持ち」と呼ばれる巫女姿（かつては花嫁姿だったという）の女性がさまざまな神饌を乗せた「フネ」（木製の槽）を頭上にいただき、暗闇のなか、先導役の提灯の明りのみを頼りに神社まで運ぶ。類似した祭は他にいくつも報告されており、要するに、女性が神饌を頭上にいただいて運搬し、神前に供えるというのは、日本の祭における形式の一つと考えられるのである。

祭における女性の役割について議論する上井久義《うわい》は、このような女性が神饌を供える祭の形式の多くが頭屋による祭に見られることに注目し、頭屋儀礼の古代的形態をうかがわせるものではないかと指摘している。上井は具体的には敦賀市に分布する頭屋儀礼を分析しながら議論を展開させているが、そこでの議論の骨子をまとめておくと次のようになろうか。

頭屋儀礼において神饌を供える女性は、厳重な精進潔斎を要求され、祭のなかでも重要視されていることからすると、本来、『延喜式』に見られる「物忌《ものいみ》」という存在に近い、「神事の中心人物としてのよりまし的存在」であったのではないか。それが、現在は神饌の供進のみの役割でしかないのは、この女性とともに祭に奉仕する男性（例えば、「一つ物」とか、「ショードノ」とか「御幣持ち」などと呼ばれる）の方に、巫女的な面が付与され、祭祀におけるその地位も高められたり、あるいは頭屋の主人に祭における職掌が移行することによって、祭のなかでの女性の存在意義が失われ、その役割が形骸化した結果ではないか、というのである〔上井 一九六九 三四〇～三四三頁〕。

頭屋儀礼で奉仕する女性が、歴史的に見れば、実は神のヨリマシ的存在としての巫女であったのではないか、というこの上井の論理展開の背景には、おそらく、柳田の巫女論や折口の「神の嫁」という概念の影響があるに違いない。本章の趣旨からは外れるので、簡単にしか紹介できないが、柳田国男は、大正二（一九一三）年の「巫女考」から大正六（一九一七）年の「玉依姫考」までの一連の議論のなかで、女性神に頻繁に用いられる「タマヨリヒメ」という名称に注目しながら、古代祭祀における巫女は神がかりと託宣を行なう職掌を持っており、巫女が神と交わって神の子を産むという神話の背景には、そうした神と巫女との霊的な関係があったことを明らかにしようとしている。そして、その柳田の巫女論に影響を受けた折口信夫は、大正一三（一九二四）年の「最古日本の女性生活の根柢」や「国文学の発生」などにおいて、出雲国造が新任儀礼のさい里の娘と同衾したという記事や、各地に伝えられる「初夜権」の習俗なども相通じる、「まれびと」に性的な奉仕をする巫女のイメージに注目し、その姿を「神の嫁」という言葉で象徴的に表現したのであった。

上井の議論は、このような柳田や折口の言う古代祭祀における巫女の問題を、頭屋儀礼という具体的な民俗儀礼のなかに置き直し、そこでの神饌を運搬し供進する女性の役割に、その痕跡を見ようとしていると言えるだろう。このような上井の描く、ヨリマシから神饌の供進役へという村落祭祀における女性の役割の変容過程は大筋で賛同できるとして、さらに私たちは、彼が、この頭屋儀礼の古代的な様相を人身御供譚を材料にして説明しているところに注目してみる必要がある。

上井は、『今昔物語集』のなかの美作国と飛騨国の二つのイケニエ説話を挙げ、古代の共同体祭祀の様子を伝える貴重な資料として、現在の頭屋儀礼との対応関係を検討する。改めて説明するまでもないだろうが、『今昔物語集』のなかのいわゆるイケニエ説話は、一つは巻二六の七の「美作国の神、猟師のはかりごとによりて生贄を止めたること」と、同八の「飛騨の国の猿神、生贄を止めたること」である。どちらもその筋書きは、土地の神が、毎年未婚の娘をイケニエとして供えることを要求しており、里人はこの掟を破らずに守り続けていたが、ある年、里の外から来訪した男（美作の場合は猟師で、飛騨の場合は僧）がその年にイケニエになる娘の身代わりとなり、邪神を退治してこの悪習をやめさせ、娘を娶り、末永く夫婦として暮らした、というものだ。

そこで、上井が示す対応関係は次のようなものである。すなわち、物語のなかのイケニエの娘を出す家は「頭屋」に当たる家で、また、イケニエとして出された娘は頭屋儀礼のなかでの女性に相当する。しかも、祭の日まで「養ひ肥して」とあるのは、祭の前の「物忌みの期間」、すなわち精進潔斎を示しているのであり、したがって、イケニエの女性は、まさに、神事で中心をなす「物忌」、すなわちヨリマシに相当する、というのである。

またさらに、物語で、イケニエを供えるセットのなかに、俎板やまな箸、それに太刀が準備されていることについても、これは、「ここで動物犠牲に関連のある神事が行なわれていたことを示すもの」〔上井　一九七三　一一三頁〕であり、「現行の頭屋儀礼伝承に見られるマナバシ神事そのまま」〔上井　一九六九　二二頁〕である、と指摘している。すなわち、上井は、現行の民俗儀礼をモデルにして描き出して、毎年、頭屋に当たる家から娘をヨリマシとして出していたという古代の村落祭祀像を、イケニエ説話の分析によって改めて確認し、さらに、そこで動物の供犠が行なわれていた可能性を指摘しているのである。

このように上井は、『今昔物語集』のイケニエ説話を、古代の村落共同体の祭祀の様相が反映したものと見なしているわけだが、ここで問題となるのは、では、巫女のヨリマシとしての姿が物語のなかでイケニエ、すなわち「神の食べ物」として描かれるのはなぜか、ということであろう。この点に関して、上井は、「ここで注意されるのは、生贄を立てるということを、実際に生きた人間を殺して神に捧げると考える必要のないことである。娘を神に捧げるというこの神事は、年に一度、村人のなかから一人の娘を巫女として神社に出すことを意味するものであろう」〔上井 一九七三 一一二頁〕と述べるのみで、具体的な説明はしていない。

ちなみに、『今昔物語集』のイケニエ説話から古代の祭祀の姿を描き出す試みは、西郷信綱の「イケニヘについて」〔西郷 一九七七〕の中心的なテーマであったことは周知の通りである。彼はそこで、イケニエ説話に共通して見られる「養ひ肥して」という言葉に、「活かしておいたニヘを殺して神に捧げる」〔西郷 一九七七 一四九頁〕という「イケニへの本義」を読みとり、日本の祭祀ではかつて、獣類を毎年の祭のために共同体内に「活け飼い」にしておき、それを殺して供えていた可能性を示唆している。[7] その上で、娘のイケニエという表現は、「獣類のイケニエへを核にして説話化され」〔西郷 一九七七 一六二頁〕たものだとして、次のように述べているのだ。

前述したようにイケニへの獣類は神にたいし共同体を象徴するのであるが、それはこのイケニへと人間とが一体であり、両者が等価関係にあることを語っている。そうである以上、獣類のイケニへが人間の娘の話へと一転したとしても、さして驚くにあたらない。親にいつかれた秘蔵娘は、活け飼いされた獣類、それと共同体との等価性をまさに説話的に純化し高めたものといえる。イケニへを殺して神に供える祭式であるニへマツリには、こうした説話的・想像的飛躍を可能にする劇的な契機が孕まれていたはずである。〔西郷 一九七七 一六二頁〕

すなわち、娘が俎板に載せられ切り刻まれるという物語のなかの描写は、現実の祭で行なわれる獣類のイケニエの光景をヒントにしたものであり、そうした想像上でのイケニエの獣類から娘へという転換は、獣類も娘も共同体を象徴するものとして認識され、両者が等価関係にあったためだ、というのである。

西郷の力説する獣類と娘との等価関係云々という結論は別として、上井もイケニエ説話から動物の供犠儀礼の行なわれていた可能性を指摘していることからすれば、ヨリマシが「神の食べ物」へと転化されていく背景に、村落祭祀における動物の供犠儀礼の影響が、彼の論理展開の過程で考えられていたことは想像に難くない。そして、おそらく、この人身御供譚と動物の供犠儀礼とを密接に結びつける見方は、重要である。というのも、例えば、兵庫県篠山市の沢田八幡神社の「鱧切祭《はもきり》」では、氏子が俎板の上の大きな鱧を庖丁を振りかざしながら切る豪快な行事が行なわれ[8]、その由来として人身御供譚が伝承されているし、また、愛知県宝飯郡小坂井町の菟足《うたり》神社の「風祭」でも、供えられる雀がかつての「人身御供」の代わりとされているなど、さまざまな民俗儀礼で同様の関係が見られるからである[9]。

だが、私たちは、このような儀礼行為と物語表現との短絡的な関連づけによって、なぜ儀礼におけるヨリマシという存在が「神の食べ物」として表現されるのか、あるいは表現されなければならないのか、という核心的な問いへの追究が巧みに回避されていることを看過すべきではない。いや、「生贄を立てるということを、実際に生きた人間を殺して神に捧げると考える必要のないこと」と言い切る上井の議論からは、予めこのような問いが放棄されていると言った方がよいのかもしれない。

しかし、上井が村落祭祀の中心におく神がかりをし託宣を行なう巫女（ヨリマシ）の姿と、物語のなかでの俎板に載せられ切り刻まれて「神の食べ物」として犠牲にされる娘の無残な姿とは、容易に結びつくものではないだろう。その間の「説話的・想像的飛躍」はあまりにも大きいのだ。したがって、両者の関係を自明視するのではなく、いったいそうした「飛躍」を可能にするのはどのような祭の現場なのか、そしてそこに働いている民俗的想像力とは何かということを問題にすべきなのである。

また、それに関連して重要なことは、これまで見てきたように、『今昔物語集』のイケニエ説話と同様の血なまぐさい人身御供の物語の多くは、女性が、ヨリマシ的な性格を喪失し神饌の供進役のみの役割を担っている祭の由来譚として伝承されているということである。上井の議論において対象とされる頭屋儀礼にも、人身御供譚を伝承するものがいくつか含まれているが、残念なことに、そこには『今昔物語集』ほど熱心な検討が加えられているとは言い難い。しかし、儀礼と物語表現との関係に注目するのであれば、具体的な祭のなかでの両者の対応関係を慎重に検討する必要があるだろう。そうした作業によって、私たちは、人身御供という物語が祭の由来譚として発生する〈場〉に立ち会うことができるであろうし、また、こうした残酷な物語の伝承される意味を改めて理解することができるのではないだろうか。

四　「神の性的奉仕者」から「神の食べ物」へ——祭における「性」と「食」の関係

ここまで、人身御供祭祀とその様相をいくつか検討してきたが、人身御供の伝承と祭との関係をより丹念に考察するうえで、私は、ここでさらにもう一つ人身御供祭祀の事例を挙げておきたい。それは、福井県敦賀市櫛川の別宮神社の例大祭である。ここでは明治二七〜二八年ごろまで、人身御供の名残とされる少女が登場する行事が旧暦四月三日に行なわれていた〔上井　一九六九　三三五頁〕。既に廃絶しているのでその詳細はわからないが、昭和八（一九三三）年の『敦賀郡神社誌』によると、少女は、五升餅を入れた飯櫃を頭上にのせて神社まで渡り、神饌を神前に供えるという役割をしていたようだ〔福井県神職会敦賀郡支部　一九三三　六一〇頁〕。そして、その由来として次のような物語が伝承されていたという。

櫛川では、御神籤を引いて当たった者がお祭の時に人身御供に出なければいけないことになっていた。ある年、この村の地頭の娘に御神籤がさがった。そこで、地頭は身代わりとして立ってくれる娘を探しまわったが、ひきうけてくれるものは誰もいなかった。ところが、村で非常に貧乏な家の娘が、いつも地頭殿に世話になっているからということで、人身御供になろうと申し出た。祭の日になり、身代わりの娘は大唐櫃の中に入り、別宮神社に供えられた。ちょうど丑三つごろになると大蛇が現われて、櫃の中に首を入れようとしたが、やめてしまった。大蛇は、「これはどうもいつも供えられる人身御供の女と違う。これは神様の御神籤の女ではない。だからどうしてもさわるわけにはいかない。しかし自分は人間の生血を吸わなければ生きていけない。さもなければ自分はこの池に住んでいるわけにはいかん。このままでは他の池に移らなければならない。だからどうかこれからは餅を五升搗いてこの池の縁に供えてくれ。そうすれば何のたたりもないから」と言った。夜が明け、娘は生血を吸われて死んでいるだろうというので青年たちが来てみると、娘は生きていた。驚いて昨夜のことを尋ねると、娘は大蛇から聞いたことを話した。そこでお祭の時には、五升餅を搗き、娘がこれをお宮に供えるようになったという〔上井 一九六九 三三六頁〕。

ここで、伝承される人身御供の物語は、椙尾神社の「犬まつり」や野里住吉神社の「一夜官女神事」の場合のように劇的な邪神退治の場面はないが、改心した大蛇（神）が身代わりとなった娘に授ける言葉を通じて、現実の祭のなかで供えられる五升餅とそれを少女が供えるという祭の形式の由来を説明する形になっているという点で興味深い。

物語の流れにそって、もう一度、人身御供譚と現実の祭との関係を整理しなおしてみるとこうなるだろう。①御神籤に当たった家の娘が人身御供に供えられるという風習が繰り返される（祭の起源）、②別の娘が身代わりに供えられることによって、邪神が改心し、悪習が止む（現行の祭への移行)、③邪神の要請により、人身御供の娘の代わりに、五升餅を娘が供えるようになる(現行の祭の形式の由来)。これを図式的に言いかえれば、人身御供、すなわち「神の食べ物」として犠牲にされる娘が、身代わりの娘を介して、五升餅とそれを供える少女へと移行した、というそのプロセスが語られているわけである。

しかし、この人身御供の代わりに行なわれるようになったとされる五升餅とそれを供える少女は、現実の祭での役割においては明らかに相違がある。言うまでもなく、五升餅は神饌、すなわち「神の食べ物」であり、一方のそれを供える少女は、神饌の供進者、言いかえれば「神の饗応役」である。上井は、この饗応役である女性に、頭屋儀礼におけるヨリマシとしての巫女の役割の残影を見ようとしているが、重要なことは、この「人身御供」の物語は、祭におけるヨリマシの起源ではなく、「神の食べ物」である五升餅と「神の饗応役」である少女の起源を説明しているということだ。すなわち、言いかえれば、この物語の発生の時点で、既に、祭に奉仕する女性からは、ヨリマシとしての性格は喪失し、食べ物を供進することによって神を饗応する役割のみが担われるようになっていたと考えられるのである。とすれば、少なくとも、この事例に関する限り、上井が言うようなヨリマシとして巫女の姿から「神の食べ物」として娘が犠牲になる物語が生まれたといった単純な関連づけはできないことになる。むしろ、物語のなかの「神の食べ物」となる娘のイメージを形づくっているのは、現実の祭における「神の食べ物」である五升餅と「神の饗応役」である少女であると考えた方がよいだろう。では、儀礼上の「神の食べ物」と「神の饗応役」とは、どのようにして人々の想像のなかで結びつき、人身御供の物語をつくりだしていったのであろうか。

この点に関連して、もう一度、野里住吉神社の「一夜官女神事」の場合を見ておきたい。私は、先の人身御供祭祀の分析のなかで、この祭における「官女」の扱いが、「神の食べ物」として供えられた人身御供をイメージさせるものだと述べた。確認しておけば、それは、「当矢」から運んできた神饌を供え、そのすぐ側に「官女」たちを一人ずつ神前に向かって据えて行なわれる本殿での神事の様子が、まるで「官女」を神に供えるかのような印象を与えるものであったからである。しかし、この「官女」は、儀礼の形式からいえば、自ら神饌を運搬し、神前に供進する、すなわち「神の饗応役」であることは明らかである。では、儀礼上本来役割の異なる、「神の食べ物」である神饌と「神の饗応役」である「官女」とが、ここにおいて、ともに神に供えられたもの、すなわち「神の食べ物」というイメージをもつのはなぜか。

おそらくそれは、既にここでも、別宮神社の場合と同様にヨリマシとしての役割が形骸化していることと関係していると思われる。その上、「一夜官女神事」の場合には、神を食べ物の供進によって饗応する役割さえ実質的には失われている。幼い「官女」は神饌を自ら供進することもなく、神官に導かれるままただ神前に静かに坐るのみだ。言いかえると、儀礼的な役割のうえでは、神饌と「官女」との間に違いはほとんど存在せず、したがって、そうした儀礼における一体的な表現が、祭の参加者に、「官女」の姿と供えられた神饌とをダブらせて印象づける効果をもっていると言えるのである。

写真４　宇佐八幡神社の「おごく」

「一夜官女神事」において明瞭に現われている「神の食べ物」である神饌と「神の饗応役」である女性との儀礼における一体的な表現は、おそらく、これまで見てきた他の人身御供祭祀にも当てはまるに違いない。例えば、宇佐八幡神社の「おごく」では、紹介した他の人身御供祭祀とは違って、現行の祭においても実際に頭屋夫人たちが神饌を神前に供進しているが、神饌を入れた「はんぼ」を頭上に載せた夫人たちは、その上からすっぽりと白い被衣で上半身覆われることによって、神饌との一体性をより強烈に印象づけている〔写真４〕。そして、さらにここでは、奥殿へと神饌を供進する夫人たちの様子が拝殿からは見ることができないように垂れ幕に覆い隠されているために、「昔は人身御供となっていたのではないか」という人々の想像力がいっそう掻き立てられると言えよう。

このように、表現の違いは多少あるにせよ、いずれにおいても祭に奉仕する女性からヨリマシ的な性格が失われ、神饌を運搬し供進する役割のみを担うようになっていることによって、「神の食べ物」である神饌と「神の饗応役」である女性との一体性が印象づけられていることがわかる。もちろん、これは現行の祭の検討から言えることであって、それ以前の歴史において、同様に女性の役割が形骸化していたかどうかは、さだかではない。しかし、頭屋制そのものが男性中心に運営される制度化された儀礼形式であることからすれば、そうした仕組みのなかで祭が行なわれるようになったことと、女性が中心的担い手から排除され、神饌の運搬と供進の役割のみを担うようになっていくこととは、パラレルの関係にあると考えていいはずだ。とすれば、女性の役割が神饌の供進役、すなわち「神の饗応役」へと形骸化した祭の現場において、神饌とそれを供える女性との間の一体的な表現が、女性が「神の食べ物」として捧げられたかのような視覚的イメージを生み出し、そうしたなかで娘を「神の食べ物」として犠牲にする人身御供譚が創出されたのではないか。とりあえずは、人身御供譚の発生の道筋をそのようにたどることができるだろう。

ところで、このように考えた上でもう一つ考察しておきたいことがある。それは、これまで検討してきた事例にも見られたように、「人身御供」祭祀において「人身御供」に見立てられる女性には、「仮女房」や「一夜官女」、もしくは「一時上臈」といった呼称が付与されていることが多いという事実である。「一時上臈」については、西角井正慶編『年中行事辞典』では、「一時だけ尊い身分で神主をつとめるということで、上臈と解されるために巫女役をいうようになったのであろう」と説明されている。だが、「上臈」が宮中に仕える高位の女房や江戸幕府の大奥における上級の御殿女中を指す一般名詞であった（『日本史広辞典』）ことからすれば、むしろ、それは「尊い身分」ということだけではなく、性的なイメージを帯びた表現であったと理解すべきであろう。すなわち、「一時上臈」とは、その年の神への性的な奉仕者として選ばれた女性、という意味合いで付与された呼称であったのではないか、ということだ。この問題は、折口信夫が「まれびと」に性的な奉仕をする巫女のイメージで「神の嫁」を論じたこととも関連させてさらに慎重に検討すべきであろうが、その課題は別の機会にゆずりたい。むしろ、ここでは、このような「神の性的奉仕者」というイメージと「神の食べ物」というイメージとをどのような関係でとらえることができるのか、ということに注目しておく。

例えば、この点については、小松和彦が「雨乞いと生贄」〔小松 一九八七〕で、「人身御供譚」と、昔話の類型では「蛇婿入・水乞型」に入る異類婚姻譚との類似性を指摘していることは参考になろうか。すなわち、小松は、人身御供譚と異類婚姻譚とは、形態論的にも、物語の構成要素から見ても酷似しているのであり、また、異類婚姻譚のなかでしばしば使われる「（娘を）くれてやる」という娘の親から邪神に向けられた言葉が、イケニエとも、嫁入りともとれる曖昧性を帯びていることからも、「両者の差異は、大蛇が娘を実際に食べるか、性交のメタファーとして〝食べる〟かという違い」にすぎないのではないかと述べているのである〔小松 一九八七 九一頁〕。要するに、神話・説話上の表現からすれば、イケニエと嫁入り、言いかえれば「食」と「性」の関係は等価であり、置換可能なものと見ることができるのではないか、という指摘なのだが、このような人類学的な見地に基づけば、祭に奉仕する女性に、「神の性的奉仕者」と「神の食べ物」の二つのイメージが付与されているのは、ごく必然的な傾向だということになるだろう[10]。

しかし、具体的な儀礼行為と物語の発生との関係に注目してきた私たちは、ここで、この問題を、祭の現場の変容との関係からとらえなおしておきたい。

これまで見てきたように、祭に奉仕する女性の「神の食べ物」としてのイメージが、神饌とそれを供進する饗応役との儀礼的な一体性に由来するとすれば、女性の「神の性的奉仕者」のイメージはどのようなところから発生したものと考えられるであろうか。先述したように、柳田や折口は、神と性的に交わる巫女のイメージや、また、神の子を産む神人通婚の神話に注目し、そこに古代における神と巫女との関係を見出そうとした。すなわち、古代の巫女は神がかりをし託宣を発することによって、神と直接交渉する存在だったのではないか、というのである。このような古代の巫女についての理解を裏返してみると、神と性的な交渉をもつ女性イメージや神人通婚譚は、巫女の神がかりや託宣の姿から紡ぎ出されたものだということになる。では、巫女の神がかりや託宣という行為が彼女の性的なイメージに結びつくということを、どのように理解すればよいのだろうか。

後にも触れるように、中村生雄は、大物主と活玉依姫《いくたまよりひめ》との神人通婚による三輪氏の出自を説明する崇神紀の記述などに注目しながら、日本の祭における神と人との始源の交渉形態（中村はこれを「発生としての祀り」と呼ぶ）は、大物主のような荒ぶる「祟《たた》り神」を巫女がその霊的な能力を通じてなだめ、神の力の源である神意の所在を人々に告げ知らせることであった、としている。その上で、そうした神と巫女との交渉が、神人通婚など性的解釈コードによって語られる必然性について、次のように説明していることは参考になろうか。

見えざる神霊の力によってみずからの全身心が占有されるという神がかりのトランス状態が、圧倒的に優越した力が彼女の身体を性的に犯す行為としてイメージされ、そのトランス状態のさなかで発せられる神意の告知としての託宣が、そのような性的交渉の結果たる〈神の子〉誕生に類比されたとしても不思議ではなかったからである。たとえば、現在も見られる南島のユタのカミダーリィ（憑霊）現象においても、幻覚や全身倦怠・吐き気・頭痛などの身心異常を契機に経験される神霊との交渉が、男神からの求婚や性的な求愛として語られることが多いという。〔中村　一九九四　六八～六九頁〕

巫女の神がかる姿、すなわちトランス状態が、荒ぶる神を性的に受容しているようにイメージされるという説明は、比較的理解しやすいものだろう。このことについては、さらに他の民族文化のシャーマニズム現象なども視野に入れながら慎重に検討する必要はあるだろうが、ひとまずは、このような祭祀と物語との関連づけに従って議論を進めていくことにしよう。

これまで議論してきたように、「神の食べ物」というイメージが、女性が神饌の供進役を務める祭での儀礼表現から生まれ、一方の「神の性的奉仕者」というイメージが、ヨリマシとなる巫女の姿に由来するとすれば、女性奉仕者におけるこの二つのイメージの重なり合いは、祭の変容を通して形成されたものであると考えられる。結論的に言えば、祭に奉仕する女性からヨリマシ的性格が失われ、その役割が形骸化していくにつれて、「神の性的奉仕者」というイメージの上に、「神の食べ物」のイメージが重ね合わされていったのではないか、ということである。

　例えば、兵庫県西宮市の岡太《おかだ》神社で一〇月一一日に行なわれる「一時上臈」と呼ばれる行事は、そうした変容過程をうかがわせる興味深い事例だ。この祭については、「人形御供《ひとがたごく》」との関連で第四章において検討するが、本章の議論に必要な部分にしぼって見ておこう。

　祭は北と南の講から各一軒選ばれた頭屋を中心に行なわれ、人形《ひとがた》を藁の輪に冠形に立てて神前に供える〔写真5〕。地元では、これを、「昔人身御供の信じられし時代に犠牲と為したる男女を意味すと伝え」てきたという〔兵庫県神職会　一九三七　四三三頁〕。ところが、この祭は近世においては、全く別の様相を見せていた。というのも、文化八（一八〇八）年の自序のある浜松歌国の『摂陽落穂集』には、この祭の様子が次のように描かれているからである。

　小松村の南に岡田ノ神社といふあり式内の神也。俗世おかしの宮と云伝ふ。例年の祭礼に社前へ供物を備ふ。男旧例を以て其年此村へ嫁たる女の衣服を着して此役を勤ム。衆人後ロに従ひ手をたゝきて拍子をとる。一時上臈ア、おかしといふ。夫故おかしの宮といふ。

写真５　岡太神社の一時上臈

つまり、この祭では男性がその年村へ嫁いできた女性の着物を着て、すなわち女装して神饌を神前に供えるのだが、このときに、人々は手で拍子をとりながら「一時上郎（臈）ああおかし」と唱えていた。それゆえこの岡田（太）神社は「おかしの宮」と言われるのだ、というのである。「おかしの宮」という通称の由来となったという「一時上臈ああおかし」という言葉が、どのようなニュアンスで用いられていたのかはさだかではないが、この女装した男性を囃し立てる言葉であったことは間違いないだろう。すなわち、かつては、女装し神饌を供える男性が「一時上臈」と呼ばれていたのである。

こうして見てみると、この祭は、「一時上臈」と呼ばれる女装した男性が神の饗応役として奉仕していたものから、人身御供の名残とされる男女を象った人形を供えるものへと変化していることがわかる。[11] また、この男性が女装していることからすれば、観念的には、本来女性がこれを務めるものと認識されていたことは明らかであるし、あるいは、これが「一時上臈」と呼ばれていることからすると、歴史的にも、この男性より以前に、性的なイメージで表現される存在、すなわち、巫女がヨリマシとしての役割を担っていたという可能性もあるだろう。

とすれば、このような祭の変容過程を図式的に示してみると、ヨリマシとしての巫女→「神の饗応役」である女装した男性→人身御供の代わりとして供えられる人形、といった流れとしてとらえることができるだろうか。そしてさらにいえば、この変容した結果の現行の祭での人形は、紙でつくられてはいるものの、それが神饌とともに神前に供えられることからすれば、明らかに「神の食べ物」としての扱いを受けているということを確認しておきたい。それは、こうした人形を人身御供の代わりに供える行事が、例えば、奈良市西九条の倭文《しずり》神社での「蛇祭」[12]や大津市下坂本の両社神社・酒井神社での「おこぼまつり」[13]、また、八尾市恩智の恩智神社での「御供所《ごくしょ》神事」[14]などでも見られ、しかもそれらはいずれも餅やイモなどの食べ物で形づくられているということからも言えるはずだ。

こうしてみると明らかなように、『摂陽落穂集』に描かれた近世の祭での「一時上臈」と呼ばれる男性奉仕者は、「神の性的奉仕者」としてイメージされるヨリマシから、その性格が喪失し、神饌を供進する「神の饗応役」のみを担うようになり、そして結果的には、「神の食べ物」となる人間のイメージをより鮮明に具現化した人形へと変容していく、その過渡的な状況を顕著に表わしているということになるだろう。

したがって、この岡太神社の場合をモデルにして考えてみるなら、祭の変容と、女性奉仕者のイメージの変化は、次に示す概念図のような対応関係でとらえることができよう。すなわち、祭におけるヨリマシの巫女はその神がかりする姿から「神の性的奉仕者」とイメージされるものであったが、頭屋制が整備されるのにともなって女性が祭の中心的役割から排除され、神饌を供進する役割のみを担うようになることによって、神饌と饗応役の女性との儀礼上の一体的な表現が「神の食べ物」として捧げられる女性のイメージを生成していった、というように。

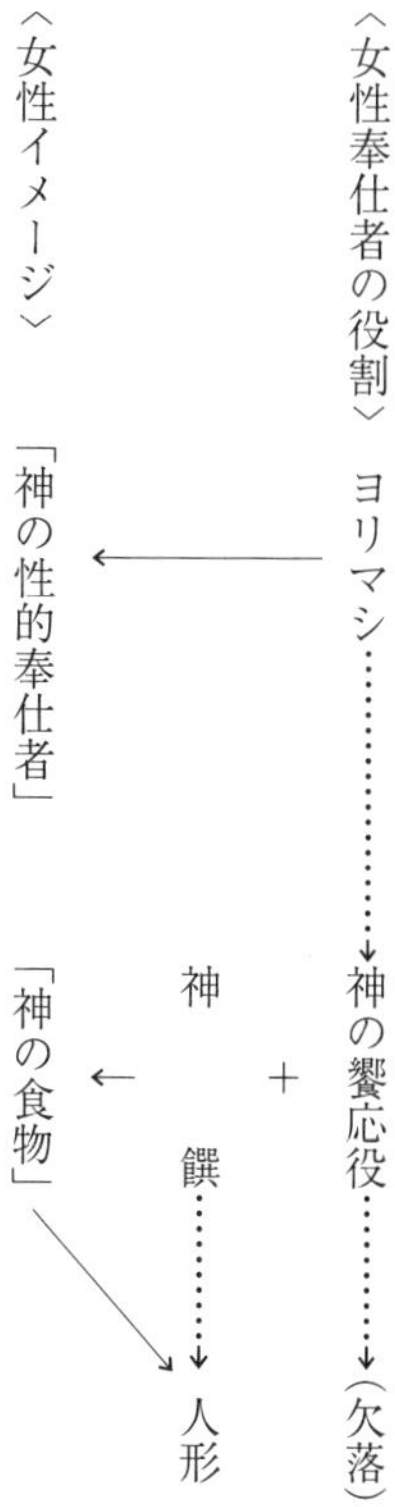

別宮神社の場合や初めに挙げた人身御供祭祀の事例は、こうした変容の結果として理解できるし、また、岡太神社の「一時上臈」の場合は、さらに、この「神の食べ物」というイメージが強調されることによって、祭から饗応役が欠落していき、その代わりにその食べ物のイメージを具現化した人形へと展開していった、と考えていいのではないだろうか。

このように民俗儀礼から考察してみると、祭の由来として伝承される人身御供譚は、女性奉仕者のヨリマシから神饌の供進役へという祭の変容のなかで紡ぎ出された物語であって、上井の言うように、神がかりと託宣を行なう巫女が祭の中心的担い手であった村落共同体の古代的な様相を反映したものではないということがわかる。そして、この場合、改めて確認しておくべきことは、そうして紡ぎ出された人身御供譚が、必ず、昔は人身御供をお供えしていたが今は違う、というストーリー展開をもつものであるということである。それは、これまで検討した事例に伝承される人身御供譚が、いずれも人身御供という習俗の終焉を物語っていたことからも言えるだろう。

そうであれば、人身御供譚が祭の由来譚として発生した理由も理解できよう。すなわち、頭屋制という男性中心の組織に担われる祭祀形式が整備されるなかで、本来神の示現に不可欠であった女性は祭の中心から周縁へと排除されていったのであり、そのように形骸化した女性奉仕者の存在意義を、改めて確認する、あるいは意義づける必要が生じてきた。人身御供譚とは、そうした「現在の祭」における女性奉仕者の役割の意義づけのために、神饌と饗応役との儀礼における一体的表現を発想の基点にして想像された「過去の祭」の姿なのだ、と。

五　「犯す神」と「喰らう神」——根源的な暴力への期待

ところで、これまでは「人身御供譚」の発生の問題を、祭の変容との関わりで論じてきたが、さらに私たちは、それが祭の由来譚として伝承されてきたこと、そして、その物語になぞらえて祭のなかで女性が人身御供に見立てられる演出がなされてきたことが、祭の継続にとってどのような意味をもっていたのかを考えてみる必要があるだろう。

前章で扱った尾張大国霊神社の儺追祭の場合をもう一度想起してみると、そこで「人身御供の祭」という「他者の語り」が祭の担い手の間で「自己の語り」として受容されたのは、祭祀改変の命令によって祭の現場が変貌した後であった。そして、人身御供の語りは、稀薄化した祭における暴力的な要素を補完する役割として受容され、新たな暴力の発生を誘発する役割をもっていたと考えられたのである。

しかし、本章で議論の対象としてきた、神の饗応役を担う女性が人身御供に見立てられる祭では、これまで論じてきたようなヨリマシ的存在から神の饗応役へという祭における女性の役割の変容過程と「神の性的奉仕者」から「神の食べ物」へという女性イメージの変容との対応を推測することはできても、それを、儺追祭のように、共同体外部との関係から論じることも、また、そこから、祭において発現される暴力行為や暴力的要素を具体的に窺い知ることも困難である。いずれの祭においても歴史的な資料がほとんど残されていないために、女性が中心的な役割を果たしていたであろう過去の祭について、その実態を知ることはほとんどできないし、また、現行の祭においても、それらは「暴力」という言葉とはほとんど縁がないと言っていいほど、穏やかにそして淡々と執り行なわれているのだ。

だが、私たちは、それらに伝承される物語が、「過去の祭」を、娘が神に喰い殺されるという残酷で血なまぐさい光景として描き出したものであったことに目を向けてみなければならない。いったい、祭にはなぜそのような残酷な物語が必要とされるのか。

例えば、赤坂憲雄は、人身御供譚という伝承そのものに、秘められた「根源的な暴力」の記憶を読み取ろうとしている。すなわち、赤坂は、今村仁司の第三項排除論を参照しながら、人身御供譚とは、共同体内の秩序を創出するために、第三項一身に暴力を負わせ、排除する供犠の物語であると指摘する。そして、人身御供譚がいずれも現在から隔絶した遠い異空間を舞台にし、しかも人身御供という習俗が終焉にいたるプロセスを物語る形式を踏んでいるということは、人身御供という「根源的な暴力」の記憶を「再認」しながらも、同時に「否認」するという逆説を孕むことによって、「共同体の起源に横たわる原初の供犠とそれを通じての秩序の創出を、かすかな痕跡としてくりかえし物語る」メカニズムとして機能しているからである、というのだ〔赤坂 一九八九 二一五〜二一七頁〕。そして、こう述べる。

人身御供をめぐる伝承は、供犠の本質をよく伝えている。供犠のイケニエは本来、共同体の内部の人間であった（そして・ある）という民衆の共同化された記憶こそが、人身御供譚をささえていたのである。〔赤坂 一九八九 二一三頁〕

赤坂のこのような人身御供譚に対する鋭い洞察は、たいへん刺激的だ。人身御供という物語を伝承すること、それ自体が、「根源的な暴力」の記憶、すなわち、昔は共同体の人間が犠牲になったのだ、ゆえに本来犠牲になるのは人間なのだ、という記憶を呼び起こし（再認）、そして同時にその終焉を再確認する（否認）。それによって、共同体の秩序が新たに更新されていく、というのである。

赤坂の言うように、伝承される人身御供譚そのものがこのようなメカニズムを有するとすれば、その物語になぞらえて女性を人身御供に見立てる祭においても、また同様に、こうした「根源的な暴力」の記憶を「再認」し、同時に「否認」するメカニズムのなかで、この痛ましい物語がより劇的に、あるいは視覚的に強調されて再演されていると言っていい。つまり、人身御供祭祀における、悲劇的な物語の伝承と祭のなかでのその再演は、「暴力の記憶」を祭のなかに呼び起こすことによって、祭そのものを再生し、存続させていく役割を果たしていると言えるのだ。したがって、現行の祭において、たとえ表面上は暴力的な要素が見られないとしても、その由来として人身御供譚を伝承し、毎年の祭のなかでそれを再現していること自体が、祭のなかに暴力性を抱え込んでいこうとする人々の志向を表わしている、ということになるだろう。

赤坂の議論に当てはめてみれば、人身御供祭祀における「暴力性」の問題はこのように理解することができる。ところで、こうした議論には、共同体秩序の更新は「根源的な暴力」の想定なしには不可能であるという考えが前提とされているのは言うまでもない。つまり、共同体の秩序の更新と確認を目的として行なわれる祭というものには、必然的に「暴力性」が孕まれる、ということになるわけである。

そこで、このような共同体秩序と暴力との関係についての一般理論を大枠として、私たちは、改めて、人身御供祭祀発生のプロセス、すなわち、ヨリマシから神の饗応役へという祭の変容過程のなかで、この祭における暴力の問題をとらえなおしておこう。すなわち、人身御供祭祀が「根源的な暴力」を想起し、再演する装置として創出されたのであるとすれば、それが発生する以前のヨリマシを中心とした祭にも当然「暴力性」は内包されていると考えるべきなのであり、それがどのように表現されていたのか、そしてどのように人身御供の再演へと繋がっていったのか、という問題を考えておく必要があるのである。

この点を考察するにあたって、中村生雄の「崇《たた》り神」の議論は示唆的だ。先述したように、中村は、古代の王権祭祀について論じる文脈のなかで、三輪氏の出自を語る崇神紀の神人通婚の物語をモデルにして、日本における始源の祭、すなわち「発生としての祀り」とは、巫女が神がかりと託宣を通じて荒ぶる「崇り神」をなだめ祀るものであったと述べている。ただしこの場合、中村が、この「祟り神」を、一般的にイメージされるような、人々に災厄をもたらすという性質、あるいは効果においてとらえているのではない、ということが重要だ。中村によれば、「祟り神」の本質は、人間の予期せぬときに突発的に出現する、その出現形式自体にあると考えるべきだという〔中村一九九四　五〇頁〕。すなわち、そうした出現形式における人間の力の及ばない神の側の一方的な優位性が、無力な人間を襲う災厄や疫病として現われることになる、というのである。

中村の言う「発生としての祀り」を、私たちの議論での頭屋制以前の女性がヨリマシとして司る祭に対応するものと考えれば、そこで巫女が祀る神とは、そうした突如襲ってきてカオス的な力で人間に猛威をふるう「祟り神」であるということになる。しかも、そうした「祟り神」を全身で引き受け、直接交渉するヨリマシの姿が、性的なメタファーで表現されるものであったのであるから、祭の場において巫女の身体を通して示現する神の姿とは、具体的には女を性的に支配する神、いわば「犯す神」であった、と言えるだろう。

このように、人身御供祭祀以前の祭においては、あらわれる神そのものが暴力的な性質をもつものととらえられていたと推測することができる。では、そうした暴力的な神（「犯す神」）は、祭が頭屋制によって組織化されていくなかで、どのように変貌をとげていったのだろうか。さらに中村の議論のなかでの「祟り神」の行方を追いながら、この問題を検討していこう。

実は、中村の議論におけるもう一つのモチーフは、「発生としての祀り」において突発的にあらわれた「祟り神」が、次第に人間の側のコントロールの下に祀られるようになり、共同体の「守り神」へと変容していく道筋を明らかにすることにある。すなわち、それは、神を祀る人間の側が既定の手続きによって神を招き入れる定期的な祭祀形式を獲得していく過程でもある（中村は、それを「発生としての祀り」から「制度としての祀り」への移行と呼ぶ）。ただし、王権祭祀の発生についで議論することを目的とした中村が想定する「守り神」とは、氏族の祖神であり、そこで獲得された祭祀形式（「制度としての祀り」）は、神と祀り手との血縁擬制に基づく祖神祭祀の神事様式であるとされる。そして、そこにおいて、三輪氏の出自を語る物語のような、神の子＝氏族の祖誕生の始祖神話が生まれたというのだ〔中村 一九九四 五一頁〕。

このあたりの論理展開は、中村の議論の中心部分に当たるし、また込み入っているので容易には説明できないが、要点だけをまとめればこういうことになるだろう。すなわち、男性支配者が巫女から祭祀権を奪い、世襲される祀り手の家を頂点とした氏族共同体の階層秩序が確立していく、そのイデオロギー装置として、そうした神と祀り手との血縁擬制を語る始祖神話が編み出されたのだ、と。

そこで、この「発生としての祀り」から「制度としての祀り」へという中村の議論に、これまで見てきた人身御供祭祀の生まれる過程を当てはめてみると、男性中心の頭屋制による祭祀組織の確立と、それにともなう女性奉仕者の周縁的な役割への排除のプロセスは、「制度としての祀り」への移行ととらえることができるだろう。すなわち、そうした祭祀形式が確立していくのにともなって、ヨリマシとなる巫女によって祀られていた「祟り神」（「犯す神」）は、村落共同体の「守り神」

へと変容していったのである。それは、神の祀りかたが、神がかりから神饌の供進へと変容したことからも言える。つまり、「発生としての祀り」においては巫女の身体を通して「犯す神」の性質をもっていた神が、頭屋制のなかで行なわれる「制度としての祀り」では、米や魚、酒などの神饌の供進によるもてなしを受ける、いわば「食べる神」へと変容するのである。それは、巫女を性的に犯す暴力的な神の姿とは遠く隔たった、穏やかで平和的な神のイメージである。

だが、重要なのは、そうした祭が制度化され、神の暴力性が失われていくなかで、人身御供譚が発生し、それになぞらえた人身御供祭祀が創出されていくと考えられることだ。それは、中村の議論において示されていた、支配者による祖神祭祀のためのイデオロギー装置として始祖神話が誕生していくこととは、明らかに様相を異にする。

というのも、頭屋制とは、共同体内の特定の家によって構成される宮座のなかで、祭の主宰者を交代制で担う祭祀形式であるからである。宮座については、肥後和男〔肥後 一九四一〕を先駆者として民俗学あるいは歴史学において研究が蓄積されており、そこでは、中世後期の荘園制の解体と惣村の成立によって宮座が地縁的な性格の強い祭祀組織として顕著な活動を見せていったという歴史や、また、内部においては年齢による構成員間の厳しい上下関係が存在する一方で、外部に対しては座数を制限する排他的な性格をもつ祭祀組織の特徴などが明らかにされてきた。なお、こうした宮座の特質が「人身御供祭祀」の形成にどんな影響を与えたかについては、第四章の後半でさらに詳しく述べる予定であるので深入りはしないでおく。

さしあたって私が、ここで、中村の言う支配者による祖神祭祀と対比させて注意したいのは、宮座が、一つの家に恒常的に権力の集中することを避ける仕組みにもなっているという点である。すなわち、宮座という祭祀組織では、共同体内で特権化されるのは一つの家ではないし、また、そのなかで行なわれる頭屋制という祭祀形式も、祭祀権の一年ごとの交代によって権力の分散が図られているのである。

とすれば、そこにおいて必要とされる物語は、特定の家（氏）の出自を語る始祖神話ではないことは明らかであろう。むしろそこでは、宮座内部の平等性を確認する物語が必要なのだ。その物語が、第三項の一点に暴力を集中させることによって共同体の秩序を更新する供犠の物語、すなわち人身御供譚であったのである。そして、そのなかでカオス的な存在として表わされるのは、うら若い娘に喰らいつき、血を滴らせながら容赦なく喰い尽くす神の姿である。それは、神饌のもてなしを受ける現実の祭での「食べる神」に対置させれば、「喰らう神」とでも言うべき暴力的な神のイメージであろう。

したがって、女性を人身御供に見立て、供犠の演出をする人身御供祭祀では、「守り神」（「食べる神」）と「祟り神」（「喰らう神」）という神の二面性が同時にたち現われていると言える。すなわち、「発生としての祀り」における「祟り神」の暴力的な性質が稀薄化した「制度としての祀り」の継続的実践のためには、その原初の神の暴力性が想起され、かつ儀礼的に表現されることが不可欠であったのだ。言いかえれば、人身御供祭祀とは、「制度としての祀り」のなかにそうした「祟り神」の暴力性を、再び、人間を喰らう神の姿として鮮烈に呼び起こす祭祀様式であった、そう理解することができるだろう。

以上、中村の「祟り神」論にそいながら、祭における「暴力」の発現の変容について、やや抽象的な議論を展開してきたが、ここで改めて、中村の言う「発生としての祀り」で示現する「祟り神」を「犯す神」、「制度としての祀り」において呼び起こされる「祟り神」を「喰らう神」とする見方が重要な視点であることを強調して、とりあえず本章の結びとしたい。というのも、暴力性を内包する神の姿の「犯す神」から「喰らう神」へという変容が、実は、頭屋祭祀のなかから女性奉仕者を完全に欠落させていく契機にもなっていると考えられるからだ。

「祟り神」が「犯す神」として示現する場合、そこでの神と人間（祀り手）との関係は、「犯す／犯される」という男女の非対称性に基づいてとらえられていると言える。したがって、言うまでもなく、「犯す神」とは、女性の祀り手（巫女）によってのみ表わされるのである。だが、一方で、「祟り神」が「喰らう神」として表現されるようになると、神と人間との関係は、「喰う／喰われる」関係であり、それは男女の非対称性にもはや対応する必要はない。ゆえに、娘の代わりに少年が犠牲にされる人身御供譚のヴァリアントや、儺追祭のように祭のなかで男性が人身御供に見立てられる祭、またさらには岡太神社の「一時上臈」の場合のように、男女それぞれを象った人形、あるいは性別のわからない人形を神饌として供える祭が生じてきてもおかしくないのだ。

「犯す神」と「喰らう神」という概念の有効性については、さらに今後の研究のなかで慎重に検討していくつもりだが、このように考えてみれば、人身御供祭祀とは、制度化された祭のなかで暴力性を想起し再現することによって共同体秩序を更新させるものであると同時に、祭からの女性の欠落を促すことによって、頭屋制による男性中心の祭祀形式を強固につくり上げていく役割を果たしていたと言うこともできるのではないだろうか。

第三章　人身御供と殺生罪業観

一　葛・諏訪神社の供養塚

岩手県の花巻空港近く、北上川が大きく蛇行するあたりに葛《くず》という集落がある。そこに祀られる諏訪神社は、社伝によれば、中世、稗貫《ひえぬき》氏配下の葛氏が拠った上の山城の鎮護神の社であったそうだが、一方で、葛の人々の間ではこの社にまつわる人身御供の哀しい物語も長い間ひっそりと伝えられてきた。本殿裏手の草木が生い茂るなかにこんもりと土が盛られた「供養塚」と呼ばれる塚〔写真6〕があり、その前に立てられた碑には次のような由来が記されている〔写真7〕。

「諏訪大神の霊験無双にして、世の人々尊崇し奉り、往古は三年に一度、生娘を犠として奉る習あれど、年を経て止む。郷中の者これを愁い、鹿を替わりとして奉る。その骨を埋めたる塚の跡今に残る。鹿の犠、成り難くなりてより、雲南堀よりの鮭を奉り後は真紅の海魚を替りとして奉る。

諏訪神社では、かつて、三年に一度諏訪の大神に村の娘を犠牲として供えていたが、年を経て、次第に鹿を代わりに供えるようになった。そして、鹿も犠牲にできなくなると、北上川の雲南堀から捕った鮭をその代わりとし、さらに深紅の海水魚を供えるようになった。供養塚には、そうしたかつて犠牲となった娘たちや鹿の骨が埋められている、というのである。

一九九九年まで氏子総代長を四期一八年間務め上げてきたという葛巻範夫さんによれば、範夫さんの子供のころは、実際、雲南堀[1]で魚を捕ってきてそれを供えていたという。現在では、そうしたことはなくなったそうだが、年配の氏子たちはこの話をよく知っていて、年七回の神社の祭ごとに供養塚にお参りし、犠牲となった娘たちの魂を手厚く供養していると、話してくれた。近世、盛岡藩政下で編纂された地誌の『邦内郷村志』(『南部叢書』五)や、盛岡藩士・和田甚五兵衛が和賀・稗貫の二郡に昔今伝わる伝承を自らの見聞とともに書き綴ったという『二郡見聞私記』(『南部叢書』九)にも、諏訪神社をめぐる同様の言い伝えが記されているから、葛の人々は、少なくとも二百年以上もの間、かつて村の娘たちが犠牲になったという哀しい記憶を心の深奥に刻みつけながら、この供養塚を確かに守り続けてきたと言えるだろう。

▲写真６　葛・諏訪神社の供養塚
◀写真７　供養塚の由来

二　人から獣、そして魚へ──殺生罪業観の浸透

その昔、人を犠牲にして神に供えていたという、いわゆる人身御供譚は、日本全国に伝承され、それにまつわる祭も各地で行なわれている。いったい祭の由来として何故に人身御供の物語が要請されるのか。私は、前章までいくつかの事例をもとに、そうした問題を議論してきたが、ここではしばらく、葛において伝承されてきた人身御供譚を手がかりにして、この問題についての考察をさらに深めていきたいと思う。

そこでまず、葛の人身御供譚に見られる一つの特徴を指摘しておきたい。それは、この人身御供譚が、人から鹿、そして鮭、赤い海水魚へという、神へ供える贄《にえ》の変遷の過程を物語っているということである。

祭のなかで供えられる贄の、人から獣への置き換えを語る人身御供譚は、他にもいくつかの祭で伝承されている。例えば、兵庫県篠山市沢田の八幡神社で行なわれる鱧切祭《はもきり》や、宮崎県高千穂町三田井の高千穂神社の猪掛祭《ししかけ》などがそうだろう。これらの祭では、いずれも、人のイケニエを要求して村人に災いを及ぼしていた神が退治、もしくは鎮撫され、その後、獣や魚を供えるようになったと語られる。また、『今昔物語集』の猿神退治譚で知られる岡山県津山市一宮の中山神社の場合も、その例として挙げられるだろう。というのも、『宇治拾遺物語』の記述では、物語の末尾に、「さ

てそれより後は、すべて、人を生贄にせずなりにけり。其後は、その国に猪、鹿をなん生贄にし侍りけるとぞ」とあり、さらに近世の地誌である『作陽志』には、中山神社で正月一六日に神鹿祭が行なわれていた記録があるからだ。おそらく、この猿神退治譚も、かつては、祭における鹿の贄の由来譚として伝承されていたのではないだろうか。(2)

要するに、人から獣へという贄の置き換えの語りは、祭の起源神話として伝承される人身御供譚の一つの定型であるわけだ。だが、葛の人身御供譚で注目すべきことは、それが、祭で供える贄の起源だけではなく、現実の祭の変容の歴史をも語っていると考えられることである。それは、例えば、『二郡見聞私記』に採録された物語に、より明瞭にうかがうことができるだろう。「諏訪やしろ」と題された項目に次のようにある。

八幡通葛村諏訪大明神の社辺は往古大萱原にて今御手洗水は其頃大沼なりとぞ。北上川光来淵より大蛇この沼へ萱原を往来男女取食ふ。其上田畑をあらしけるゆへ、村人歎きて三年に一度の犠牲を諾す。御当国御手に入後、村人愁訴す。右光来淵より大沼へ通路を焼払ふべきとあり。其上に閉伊郡小槌村諏訪大明神を沼端へ勧請あり。是より鹿を以て贄とす、夫より災なしとぞ。右鹿も相止め雲南堀の鮭を以て祭る。是も又及ばず、今雑魚を以て祭るなり。此社の後に往古の犠牲に備へし男女の骨を埋めし所を骨堂とて今にあり。又鹿の骨堂もあり。大蛇小槌村より勧請し明神の御威光に恐れて光来淵にひそみ居しとぞ。

まず前半では、人のイケニエを村人たちに要求していたモノの正体が、北上川の光来淵から度々やってくる大蛇であったと明かされている。そして、諏訪大明神を新たに勧請し、鹿の贄を供えたところ、その後災いはなくなり、大蛇も恐れおののいて光来淵へ逃げてしまった、というのだ。つまり、ここには、大蛇に対する人のイケニエを廃することで、現在に続く諏訪神の祭、すなわち、鹿の贄を供えて祀るという形式が始まったのだと、その起源が語られているのである。

もちろん、ここでの語りが、人のイケニエも鹿の贄もどちらも霊験あらたかな諏訪の大神に奉ったとする、初めに引用した供養塚の由来書きと微妙に異なっているということは、留意しておく必要があるだろう。しかし、起源神話は、〈現在〉の状態（秩序）とは逆の状態（混沌）をはじめに設定し、それがある出来事によって〈現在〉の状態になったと語ることで起源の語りが可能になるという原則がある〔三浦 一九八七〕。それにしたがえば、〈現在〉の祭を、娘をイケニエに供えていた痛ましい〈過去〉から隔絶したものであることを明示している点で、ひとまずは、『二郡見聞私記』採録の物語の方に、祭の起源神話としての人身御供譚の祖型を見ておいてもよいのではないだろうか。すなわち、この前半部分は、人を大蛇のイケニエに供えていた〈過去〉の祭を、鹿の贄を諏訪神に供えるという〈現在〉の祭とは隔絶した混沌として設定することによって、〈現在〉の祭の起源を説明し、その秩序を保証する神話的な語りとなっているわけである。

しかし、これに続く後半の、鹿から鮭、そして雑魚へ（供養塚の由来書きでは赤い魚だったが、その相違はここでは保留しておく）という、人のイケニエがやんだ後の贄の変遷については、前半の起源神話の語りとは明らかにその性質が異なっている。というのも、そこでの語り口は、前半に比べて、感情の入り込む余地のないほど実に淡々としているし、また、既に確認したように、起源神話では邪神に対する人のイケニエと諏訪神に対する鹿の贄との非連続性が示されていたのに対して、鹿以降の贄の置き換えは連続的に語られているという特徴がみられるからである。また、盛岡藩の家老による執務日誌『雑書』での、鹿狩の記事や北上川から捕れた鮭の献上の記事などから、少なくとも近世にはこの地域で鹿や鮭が多く生息していたことが想像できる。つまり、そうした自然条件からすると、葛の諏訪神社でも実際に鹿や鮭が贄として供えられていた可能性は大きいのであり、そうであれば、ここで語られる鹿から鮭、そして雑魚への贄の置き換えは、現実の祭で起こった変容だと考えてもいいのではないだろうか。

このように、葛の人身御供譚では、祭で供えられる贄の由来を説明する起源神話と実際の祭における贄の変遷の歴史との、二部構成になっていることがわかる。そしておそらく、後半の贄の変遷を語る部分は、実際の祭が変容していくのにともなって、祭の由来譚として伝承されていた起源神話としての人身御供譚に徐々につけ加えられていった、と考えることができるだろう。

だが、だからといって後半の語りを、人身御供譚の本質とは関わらない付随的なものだとして切り捨てようというのではない。むしろ、私は、この後半の、現実の祭における贄の変遷の語りにこそ、人身御供譚が祭の由来として採用されるようになる、その背景を考察するための手がかりが隠されているのではないかと予想しているのである。

ところで、後半部分が実際の祭の変容の語りだと考えた場合、では、鹿の贄をやめ、鮭を供えるようになり、そしてさらに雑魚または赤い海水魚へと贄が置き換えられていったのはいったいなぜであろうか、という問題が生じてくる。葛では、現在でも北上川を遡上してきた鮭を捕ることがあるという。また、大正の初め頃まで、鹿が北上川を渡って葛と対岸の八重畑集落との間を行ったり来りしていたとも言われている。[3] そうであれば、贄の置き換えを、鹿や鮭が捕れなくなったからという自然環境の変化では理解できないだろうし、この地域の生業が狩猟から農耕へと変化したためだという説明も成り立たないように思う。

葛を含めた宮野目地域の稲作の歴史を丹念に検討している『宮野目農業発達史（耕地整理編）』によれば、この地域に本格的に稲作が導入され、組織的な開田が行なわれ始めたのは、稗貫氏の支配下に入った鎌倉時代以降であり、それが近世の盛岡藩時代の水田開発へと引き継がれていったという。しかし、当然のことながら、こうした水田開発によってこの地域が一大稲作地帯になったというわけではない。むしろ資力のある武士や豪農などによる小規模の開田が無統制のまま進められていくことで、慢性的な用水不足に悩まされていたようなのだ（宮野目農業発達史編集委員会 一九八七）。したがって、葛の人々の生活は、稲作だけでなく、畑作やあるいは川漁、そして時にはこの地に餌を求めてやってくる野生獣の猟など、複合的な生業によって営まれていたことは容易に想像できるのである。

また、たとえ生業の比重が農耕、とくに稲作へと移行したとしても、それが即、祭の贄の置き換えに反映されたのだとする説明もあまり説得力をもたない。というのも、既に、千葉徳爾の研究〔千葉　一九九二〕によって明らかにされているように、農作物の豊かな稔りを願って、農耕儀礼で模擬的な狩猟を行ない、その獲物を贄として神に供えるということは、かつては各地で行なわれていたと考えられるからだ。(4)また、諏訪信仰の本拠地である信州諏訪社での年四度の御狩《みかり》神事（五月《さつき》会《え》御狩・御作田《みつくりだ》御狩・御射山《みさやま》御狩・秋庵《あきいお》御狩）が、稲作農耕の節目に行なわれ、農耕神事の一部をなしていたとする研究もある〔金井　一九八二〕〔中澤　一九九九〕。こうした研究を参考にすれば、鹿から鮭、そして雑魚へと贄が置き換わっていったことを、生業の変化によるものだと、単純には言えないのである。

では、葛の諏訪神社で供えられる贄の変容には、いったい他にどのような背景が考えられるだろうか。結論的にいえば、私はこれが、中世以降に貴族社会から徐々に浸透していったとされる殺生罪業観との関わりから理解できるのではないかと考えている。すなわち、殺生罪業観の浸透により、それまでの鹿を贄として供えることが罪悪視され、鮭、そして雑魚へと贄が置き換わっていったのではないか、と。そして、そうした理念の浸透によって祭が変容を余儀なくされたからこそ、人身御供譚は祭の起源神話として要請されたのではないだろうか。このような推論の上で、以下に、それを補完するいくつかの材料を取り上げながら、さらに若干の考察を加えてみたい。

殺生行為が堕地獄の報いに繋がるという、仏教の殺生戒にもとづいた殺生罪業の観念は、古代末期から中世にいたる時期の仏教説話の主要なテーマとなっていた。いくつか例を挙げれば、『日本霊異記』中巻第五に「漢神の祟りにより牛を殺して祭り、また放生の善を修して、現に善悪の報を得る縁」という物語があり、そこでは、漢神《からかみ》に牛を殺して供えていた裕福な男が、その「殺生の業」により病となり、遂には死んでしまったが、生前に放生を行なっていたことが報われ、堕地獄を免れて生還したと語られる。殺生の罪業が、放生の善行との対比によってさらに罪深いものとして強調されているのが、この説話の興味深いところだろう。また、『今昔物語集』にも、殺生罪業を扱った説話は多い。例えば、巻第二〇・第三四「出雲寺の別当浄覚、父の成りし鯰の肉を食むとして現報を得、忽に死にたること」では、出雲寺の別当浄覚が、仏道につく身である上に、夢告により亡父の生まれ変わりだと知っていたにもかかわらず、大雨の日に現われた大鯰をぶつ切りにし鍋で煮て食べたため、結局鯰の骨が喉にささってそのまま死んでしまったと語られる。このように、この時期の仏教説話には、殺生によって負うこととなる救いようのない罪深さが因果応報によって説かれているのである。おそらく地方の庶民たちも、地方を回って仏教の理念を説いて歩いた僧侶たちの布教活動のテキストであった、こうした仏教説話を通して、徐々に殺生罪業観を内面化していったのではないだろうか。

もちろん、そうした観念が東北地方にどの程度広まっていたのかは、さらに慎重な検討を要する。実際、既に述べたように、盛岡藩時代には、藩主による鹿狩がたびたび行なわれていたし、猪や鹿などの野生獣から海川で捕れる魚までが、領内からの主要な献上品とされていた。つまり、現実には、殺生行為はかなり盛んに行なわれていたのである。しかし、そうした現実とはかけ離れながらも、殺生を罪とする意識が理念的なレベルで東北においても浸透していたことは、例えば、文政五（一八二二）年に梅内祐訓が著わした『聞老遺事』（『南部叢書』二）所収の「八戸家士蔵書」に載せられた四足二足の食禁にかかわるエピソードからもうかがえよう。それは、要約すれば次のような話になるだろうか。

八戸藩一一代当主左近将長安はときどき乱心気味になり、またさらに癩病を患った。この理由を占わせたところ、月山の咎めであることがわかった。すなわち、先祖代々四足二足の食禁を月山に誓っていたのにもかかわらず、その禁を幾度も破って四足二足を食べていたからであるというのだ。長安は、占いにしたがって、四足二足の食禁を月山に立願したので、病は平癒した、というものである。

四足二足、すなわち鹿や猪などの獣や鳥を食べることが、病の原因になっていたというこの理解が、仏教説話に顕著に見られたような殺生や肉食を罪とする仏教的な理念の影響によるものであることは明らかだ。また、菅江真澄が天明の大飢饉にあえぐ陸奥を歩くなかで出会った「乞食」の言葉も、東北において殺生罪業観が浸透していたことをうかがわせる一例として挙げられよう。

「乞食」は、飢饉で飢え死にした人々の墓の前で涙を流しながら、自分は人や馬を食ってかろうじて生き長らえたが、今年もまた稲が稔らずこうして乞食となっているという、自らの哀しい身の上を真澄に語る。そして、真澄が人や馬を食ったのは真実かと問うと、こう答えるのである。

人もたうび〔食べ―引用者註〕侍りしが、耳鼻はいとよく侍りき。うまを搗て餅としてけるは、たぐひなううまく侍る。しかはあれど、あらぬくひものなれば、ふかくひめて露、人にかたらず侍るは、いまに至りても、あなきたなとて、つふね〔下男―引用者註〕、やたこ〔奴〕にもめし給ふ人なければ、男女なべて、かくし侍る。たうときかたにまうで侍る旅人、すけ〔出家―引用者註〕には、かいけ〔改悔〕さんけ〔懺悔〕して、つみもほろびなんとおもひ、ありしまゝ、にもらし侍る。〔菅江 一九七一〕

飢饉で飢えに苦しむ人々が、我が子や親までも殺して食らうという地獄絵のような惨劇の様子は、真澄の日記だけでなく、高山彦九郎の旅行記などでも生々しく書き記されている〔中島 一九九六〕。しかし、私がここでそうした飢餓のむごさとともに注目しておきたいのは、馬肉を食うという行為が、人を食うことと同じくらい罪深い行為、あるいは穢れた行為であると、三河の国からやってきた菅江真澄だけではなく、人や馬を食った者を雇わないという地元の富農にも、そして、人や馬を食ったと告白する当の「乞食」にさえも共通して認識されているということである。

ちなみに、この馬肉の禁忌については、中世には〈馬肉の刑〉とでも呼ぶべき刑罰が存在したとする原田信男の指摘が興味深い。すなわち、『小右記』や『将門記』、それに『太平記』などに、刑罰として馬の肉を食べさせるという記述がたびたび出てくることから考えると、馬の肉を毒とする観念が中世社会に定着していたのではないか、というのである〔原田 一九九三 一〇七頁〕。仏教的な殺生観や神道的な不浄意識が結びついて、そのような馬肉を毒とする観念が生じていったのだろう。真澄が書き留めた「乞食」の話に、そのような観念の影響があるかどうかはわからないが、いずれにせよ、飢饉の際の馬肉食が人肉食に匹敵するほど罪深い行為と意識されていたという事実は、中央の貴族社会から広まった殺生や肉食を罪や穢れとする観念が少なくとも近世においては東北地方にも浸透していたこと示すものだと考えていいのではないだろうか[5]。

そして何よりも、私が、葛の諏訪神社での贄の変容に、仏教的な殺生罪業観が影響しているのではないかと考える理由の一つは、鹿から鮭、そして雑魚へというその変遷の過程と、諸社の物忌令で規定された肉食による物忌み期間の長さとの間に興味深い対応関係が見られるからだ。

日本における中世社会の特徴の一つは、貴族社会を中心に穢れ意識にもとづく触穢思想が発展し、体系化されていくことであると言えるが、そうした展開のなか、鎌倉末期から室町期にかけて主要な神社では、死穢や産穢などの穢れの種類と、その触穢による物忌みの日数が決められていった。肉食の穢れも、殺生や肉食を罪業とする仏教思想を拠り所としながら、そのなかで詳細に規定されていくのである〔原田 一九九三 一〇三頁〕。

一例を挙げれば、八幡社の物忌令である『八幡宮社制』(一四世紀成立)では、鹿・猪の肉食が一〇〇日間、猿が九〇日間、狸・兎・鳥が一一日間、そして魚が三日間の物忌みを要する、すなわちその間は参詣できないことが規定されている。このように、諸社の物忌令では、肉食について、その種類に対応した物忌みの期間が細かく決められているわけだが、ここで注目したいのは、その規定のいずれにおいても、鹿や猪といった四足獣の食の物忌みが最も重く、それに比べ二足の鳥類が軽くなっているということである。そして、数は少ないものの、『八幡宮社制』のように魚食も物忌みの対象として加えているものもある。つまり、諸社の物忌令に象徴されるように、中世の貴族社会では、肉食を穢れとする意識によって、食の対象となる動物が、鹿・猪などの四足獣→二足の鳥類→魚類と序列化されていたのである。

葛の諏訪神社における、鹿から鮭、そして雑魚への贄の変遷は、まさに、そうした動物の序列に対応しているとは言えないだろうか。殺生や肉食が罪業であるという仏教的な殺生罪業観に影響されながら、おそらく、この地でも、次第に穢れの少ない動物へと贄が置き換えられていったと考えられよう。

三　殺生の罪の緩和と「人身御供譚」

このように、殺生を罪業とする仏教的な観念は、穢れ意識と結びつきながら、中央から地方へ、貴族から庶民へと浸透していき、神社での贄も変化していったと考えられるが、言いかえれば、それは、人々に対し価値観の大きな転換を強いるものだったと言える。つまり、それまで最も価値のあるものとして神に捧げてきた獣類の贄が、不浄なものとか、罪深いものとして否定されるようになったわけである。したがって、そこに、そうした罪責感を緩和する論理が必要とされるようになるのは、必然的な成り行きだと言えるだろう。
実際、中世後半には、神の贄にするために行なう殺生を正当化する論理的試みが積極的に行なわれていく。例えば、『沙石集』拾遺五には、次のような説話が収められている。
漁師が琵琶湖で大きな鯉を捕って殺そうとしていたのを山僧が見つけ、その鯉を漁師から買いとって湖に放生した。すると、その夜、山僧の夢に一人の老翁が現われて、恨めしそうにこう訴えたというのだ。

今日我命を助け給ふこと、大いに本意なくはべり。その故は、徒に海中にして死せば、出離の縁かくべし。賀茂の贄になりて、和光の方便にて、出離すべく候なるに、命のび候ぬ。

山僧が放生した鯉の化身である老翁は、山僧によって助けられたことに感謝するどころか、逆に、それは大きなお世話だと不平を訴えている。なぜなら、あのまま漁師に捕られて賀茂神の贄になっていれば、「和光の方便」、すなわち、垂迹神の導きにより迷いの世界を離れて悟りの境地に至れたのに、助けられたおかげで海の中で生き延びて無駄死にすることになってしまった、というのである。これは、先ほど挙げた、殺生を諫め、放生の善行を強調した『日本霊異記』の説話とは、まさに、正反対の論理をもつものだ。すなわち、ここでは、神は本地仏が衆生救済のために垂迹したものであるという本地垂迹説を逆手にとることによって、その垂迹神に動物を贄として殺して供えることにこそ、迷える動物が成仏できる唯一の方途があるのだ、というある意味で詭弁とも言うべき論理が導かれ、神の贄のための殺生が正当化されているのである。

しかし、中村生雄が指摘しているように、多様な生業にたずさわる庶民の実情と大きな齟齬をきたす画一的な不殺生の教説に比べ、こうした神社側から出された論理は柔軟で現実的であったことは確かであろう。つまり、日々やむなく殺生の罪を犯さざるを得ない狩猟や漁労を営む人々にとっては、こうした殺生を正当化する論理は、その罪業を相対化し、軽減する救済のメッセージでもあったのである〔中村 二〇〇一 二一五頁〕。

ところで、狩猟を生業とする人々を殺生の罪から救済する信仰として最もよく知られているのは、諏訪信仰だろう。例えば、「業尽有情 雖放不生 故宿人天 同証仏果」という、いわゆる諏訪の勘文が、狩猟にともなう多くの民俗儀礼のなかで唱えられていることや、鹿肉食による罪穢れを消去する「鹿食免」や「鹿食箸」が、中世以降、信州諏訪大社や各地の諏訪信仰の中心地から盛んに出されたことは、既に千葉徳爾の明らかにしているところである〔千葉 一九六九〕。そして、その諏訪の勘文や鹿食免の根拠とされる『諏訪縁起』の末尾にも、本地垂迹説によって殺生を正当化する論法が用いられていた。

すなわち、仏菩薩の化身である諏訪大明神が何故に殺生を認めるのかという長楽寺寛提僧正の不審に対し、大明神がその夢に現われ、「野辺にすむけだもの我に縁なくば うかりし闇になほ迷はまし」という歌を詠み、さらに、狩猟民が唱える諏訪の勘文の由来となる、「業尽有情　雖放不生　故宿人天　同証仏果」との神託を下した、というのだ。要するに、獣や魚類はその業が尽きて人に捕えられるのであるから、これを再び野に放しても長くは生きられないし、成仏することもかなわない。それ故に、人に食べられ、その人に同化すれば、その人が成仏するのにともなって、それらの動物の生命も同じく成仏することができる、というわけである。

このように、ここでは、神の贄のために犯す殺生だけでなく、日常的な殺生をも動物を成仏へと導く善行とされているのがわかる。殺生を正当化する論理に日常生活における殺生をも内包させたことが、おそらく、諏訪信仰を狩猟民の間に広く浸透させる最も大きな契機となったのではないだろうか。

では、葛ではどうだったのか。葛の諏訪神社の祭で、鹿の贄が廃されたことから想像するに、ここには、そうした殺生を合理化する論理は浸透しなかったと思われる。『新編会津風土記』に「奈(業)尽有情……」の諏訪の勘文が記された鹿食免が収められていることからすれば、東北地方にも、殺生正当化の諏訪の論理がある程度は伝わっていたことは確かである。しかし、理由は今のところよくわからないが[6]、葛の場合その形跡すらうかがえないのである。

だが、より重要なのは、たとえ殺生を正当化する合理的な論理が伝わらなかったとしても、生き物を神の贄として供えなければならないこの地域の現実がある限り、そこに生じる罪責感は何らかの形で緩和される必要があるということである。

既に触れたように、葛を含めた宮野目地域は、中世以降、十分な用水源の開発や調整の追いつかないまま、強引な開田が行なわれたため、旱魃や水害がひとたび起こればその打撃は計り知れないほど大きかった。つまり、人々は常に凶作の恐怖に怯えていたのであり、したがって彼らの神へ寄せる期待は、水田開発が進めば進むほどよりいっそう切実で大きなものとなっていったに違いないのである。(7) とすれば、そうした期待を人々はどのように神に伝えようとしたのだろうか。私は、その最も端的な表現の一つが、できるだけ贅沢で価値のある食べ物によって神をもてなすことであり、神に供える贄とは基本的にはそのような人々の志向にもとづいて選ばれるものではないか、と考えている。葛の場合は、それがおそらく当初鹿肉だったのだろう。したがって、そこには、鹿肉を供えることで神に豊作を期待する切実な思いと、それによって犯すことになる殺生への罪責感とのせめぎあいが生じることになるのだ。

また、中世から近世にかけての水田の開発が支配者層による米の収奪を目的としたものであり、したがってそれは農民の生活を潤すものでは決してなく、むしろ、彼らを困窮に陥れるものであったという、日本における水田開発の実状からいっても、この問題の意味は大きいということを付け加えておきたい。原田信男によれば、米を中心とした収奪の苛酷さゆえに、水田稲作は農民の食生活を保証し得るものとは言い難く、むしろ多くの農民たちは、二次的な農業生産である畑作や山野河海における狩猟・漁労や採集活動に支えられていたという〔原田 一九九三〕。つまり、稲作を生業とする人々も、自らが生きていくためには海や川や山の生き物を殺すことが必要不可欠なのであり、ゆえに、殺生の罪業を日常的に負う身であったのである。

いったい、彼らは殺生の罪からいかにして救われたのだろうか。私は、葛に伝承される人身御供譚とは、そうした人々の抱える殺生による罪責感を緩和するものだったのではないか、と考えている。大蛇に対する娘のイケニエをやめて、諏訪神に鹿の贄を供えるようになったと語る、この人身御供譚は、人のイケニエという最も重大で最も罪深い犠牲を〈始源〉に設定し、一方でそれとの断絶を明示することによって、人々が現実の生活で犯す殺生の罪を軽減する役割を果たしていたのではないか、と想像しているのである。わかりやすく言い直せば、それは、かつての人のイケニエに比べ、いかに現在の殺生の罪業が軽いものであるかを強調することによって、殺生を正当化しようとする論理だと言っていい。そして、おそらく、現実の祭において起こった、鹿から鮭、そして雑魚へという贄の置き換えによって、そうした人身御供の物語のもつ殺生の罪責感の緩和作用が次第に補完されていったのではないだろうか。

確かにこれはまだ、私の仮説的な見通しにすぎない。だが、人身御供譚を起源神話として伝承している祭が、狩猟を生業の中心とする山間部には見られず、どちらかといえば、稲作や畑作を行なう地域に多いという傾向から考えれば、農耕を生業とする地域で、狩猟民にとっての諏訪の勘文と同じような殺生合理化の役割を果たすものとして、「人身御供譚」があったと考えられるのではないだろうか。

第四章　人形御供と稲作農耕

一　問題の設定

近畿地方の農耕儀礼、とくに稲作の祭には、米や農作物で人形《ひとがた》を象って、それを神饌として神に供えるものがある。後に詳しく検討するように、例えば、奈良市西九条の倭文《しずり》神社の蛇祭や八尾市恩智の恩智《おんち》神社の御供所《ごくしょ》神事などがそうだ。そして、これらの祭には、たいていその由来として、昔人身御供の風習があって、今は、その代わりに人形御供《ひとがたごく》を供えているという、いわゆる人身御供譚が伝承されている。いったい、人身御供の代わりに人形を供えるとは、どういうことなのか。そして、なぜ、それは近畿地方の稲作を生業の中心とした地域に多く見られるのだろうか。

これまで民俗学では、この人形の供物についてはほとんど議論されることはなかったと言っていい。なぜなら、民俗学における「人形《ひとがた》」といえば、災いや穢れを祓う道具と見ることが多かったからだ。例えば、『日本民俗大辞典』（吉川弘文館）の「人形（ひとがた）」の項目には、次のように定義されている。

災いや穢れを祓うために、人の身代わりとしてつくられた人体を模したもの。紙などの人形を身体の上でなでまわして、人の受けた災いや穢れを背負わせてから流したり焼いたりして災厄を除く。人形の材料は紙や板のほか、藁やチガヤを使う場合がある。古くは陰陽師がつくり、平安時代には宮廷や貴族の間の行事として行われていた。〔中略〕人の身代わりとしての人形だけでなく、人形を神の形代とする考えも古くから存在している。鹿島人形・オオスケ人形などの名で呼ばれる各地の人形送りは人形を送り出すことによって災いを除くものであり、疫病送りもまた、疫神の形代としての意味を持つ。

人の身代わり、もしくは神の形代《かたしろ》としての人形。人形について民俗学では、既に柳田国男が「神送りと人形」〔柳田 一九三四〕で論じており、最近では、神野善治が『人形道祖神』〔神野 一九九六〕のなかで、村境に置かれた藁人形の分析から研究を行なっている。ここでの人形理解も、それらを参考にしたものと考えられるが、私が、本章で扱おうとする人形御供は、明らかにこうした理解から外れるものであることをまず確認しておかなければならない。というのも、ここで定義される人形と、人形の供物との間には、祭でのその扱いや目的において決定的な相違があるからだ。

ここにもあるように、人の身代わり・神の形代の人形は、人の受けた災いや村を襲う疫神を祓うために、村境や川、海などで焼いたり、あるいは流したりするのが一般的である。ところが、一方の人形の神饌は、決して焼いたり、捨てたりはしない。それは、神に食べ物として捧げられるのである。すなわち、かつての人身御供の代わりに供えられるようになったという由来のある人形御供《ひとがたごく》は、神の「食べ物」として扱われる、ということにその最大の特徴があるのだ。

とすれば、人形御供は、平安時代以降、穢れや災い（疫神）と人間との関係を断つための道具として展開してきた人形とは、別系統の流れのなかに位置づけられるだろうし、ゆえに、その発生や祭における意味づけを改めて検討していく必要があると言えるだろう。

このような前提で、人形御供について考察していく際に、私は、次の二点が重要な問題となると予想している。

その一つは、食べ物で人を象って神に供えるとはどういうことなのか、ということである。これは、人身御供の伝承に関わる問題である。既に幾度か紹介したように、柳田国男は、日本において人身御供が実在したと指摘した宗教学者の加藤玄智との論争のなかで、「人の肉や血はいずれの時代の思想にてもわが国では決して御馳走にはあらず」〔柳田国男　一九一九　四八八頁〕と述べ、加藤を厳しく批判した。私も、人身御供の問題は、歴史的な事実としてではなく、伝承として考えるべきであるという立場に立つが、それならば、この神への「御馳走」である人身御供を体現したかのような人形の供物は、なにゆえに祭で供えられるのか、その祭における意味づけと、発生の背景を検討する必要があるだろう。

それに加えてもう一つ問題なのは、神前に供えた人形は、直会《なおらい》の際に神前から下ろしてきて、氏子に配られるということである。すなわち、人形は、神の食べ物であるとともに、人間にとっての食べ物とも見なされているのである。食べ物で象った人形を食すという行為は、さながら食人習俗をイメージさせるものがある。しかし、これを短絡的にカニバリズムと結びつけて解釈することは避けなければなるまい。むしろ、重要なのは、個々の祭において、人形がどのような扱いを受けているのかを注意深く検討していくことであり、それを通して、人形を食べるという行為が祭のなかでどのような意味をもつのかを慎重に考察していかなければならないと思う。

本章では、この二点に注目して、まず人形御供を供える祭についての調査結果をまとめた上で、さらに、「人身御供譚」が伝承される、その周辺の祭との関係を検討することによって、人形御供が発生する歴史的・地域的背景とその祭における役割を考察していきたいと思う。

二　人形御供の諸相

1　八尾市恩智神社の御供所神事

八尾市恩智の山の中腹に鎮座する恩智神社では、一一月二六日の例祭(1)に先立って、二四日に、御《ご》供所《くしょ》神事と呼ばれる祭が行なわれる。これは、例祭で供える神饌を調整する祭だが、「御供所の家」と呼ばれる村の一三軒の旧家から構成される世襲の組織だけがこれに携わることができ、また厳重な物忌みのもとに行なわれるという意味では、この祭が非常に重要視されてきたことは確かだろう。

ここでは、米をふんだんに使って五種類の神饌がつくられる。まず、糯米《もちごめ》を搗いた餅で、直径五センチメートルくらいの小餅に丸めた「丸餅」を一五〇個ほど、そして、「餅マガリ」と呼ばれる、一五センチメートルくらいに細長くした餅の両端に指で凹みをつけたものを七〇〇～八〇〇個ほどつくる。そして本殿での神事の後、今度は、餅ではなく、米の粉を湯を溶いて練って、さらに丸めて茹でた、いわゆる団子をつくる。茹で上がった団子は、木臼に入れ、「千搗棒《せんつき》」と呼ばれる杵で搗く。そして搗き上がった団子は、「俎板」と呼ばれる大きな板の上で、「オオブト」「マガリ」「バイシ」の三種類に形づくられていくのである。それぞれを簡単に説明すれば、「オオブト」は、薄く延ばした団子で、煮大豆を筒状に包みこんだもので八〇個ほどつくり、「マガリ」は、「餅マガリ」と同様に細長い棒状にして指で凹みをつけたもので一五〇〇個程度、そして「バイシ」は、薄く延ばした団子を竹へらで長さ一五センチメートル、幅一センチメートルくらいに切ったもので八〇本ほどつくる。そして、それら三種類の団子は、仕上げに、御供所内の竈において油で揚げ、蓙《ござ》の上で冷ましてでき上がる。

このように、大量の米を使った手のこんだ五種類の神饌は、二六日の本祭では、各種類ごとに三方に山盛りにして、神前に供えられる、まさに、神への御馳走なのである。が、重要なのは、それらを組み合わせると人形になり、かつての人身御供の代わりにこれらを供えるようになったという伝承があることだ。写真8が人形に組み合わせたものだが、丸餅は頭部、餅マガリは両腕、オオブトは胴体、マガリは両足、そしてバイシはその人形がもつ箸、とされている。本祭で実際に神前に供えるときには、人形に組み合わせることはないそうだが、「本祭の後に配るときに、腹（オオブト―引用者註）は一番大切だから一般の参拝者には配らない」と言ったような説明をする氏子たちの言葉には、まさに、彼らがこれらの神饌を、「人身御供」としてリアルにイメージしていることがうかがえよう。

ただし、人身御供を象った人形に箸が持たされていることも、ここで留意しておく必要がある。というのも、神の食べ物として捧げられる人身御供の代わりとして人形は供えられているわけだが、一方では、人形じしんもまた神饌（神の食べ物）を食べる存在（神）であるとイメージされているのではないかと、ここから想像できるからだ。この人形に付随した二重のイメージは、いったいどのように理解することができるだろうか。

2　奈良市西九条町倭文神社の蛇祭

寛政三（一七九一）年の『大和名所図会』に「倭文社、俗にひずりのやしろという」という記述のある、現在の奈良市西九条町《さいくじょう》に鎮座する倭文《しずり》神社では、毎年、一〇月一〇日に蛇祭と呼ばれる祭が行なわれ、かつての人身御供の代わりであるという一二体の人形御供が供えられる。

人形の神饌は、「ヒトミゴク」または「御穀盛《ごこくもり》」とも呼ばれ、海山や田の恵みを使って形づくられている。それは次のようなものだ。檜の曲物《まげもの》に刺した麦藁の束の周りを、サオモチと呼ばれる細長い餅を五センチメートルぐらいに切った角餅でまんべんなく飾り、その上に大きな里芋（地元では「泥イモ」と呼ばれる）のスライスに人の顔を描いて載せる。人形の首の周りには昆布を巻き、頭のてっぺんには五色の御幣を刺して飾る。この型の人形は一〇体つくられて、本殿および蛇塚に供えられるが、本殿脇にある若宮の小さな祠には、これとは別に、ほぼ同様の人形の頭上にミョウガを三つ刺したものと、首のあたりにズイキでつくった蛇をつけたもの〔写真9〕をつくり、この二体を供えることになっている。[2]

なぜ、若宮への供物が他と区別されるのか、現在ではその理由が説明されることはない。が、特に、蛇を載せた人形が、他と区別されて「蛇《じゃ》」と呼ばれ、祭のクライマックスを彩る重要な役割を負っていることは注記しておく必要があるだろう。

本祭での神饌の献饌は、本殿から行なわれる。人形は、氏子たちの「ヨーイヨーイ」という掛け声とともに、本殿に祀られた三柱（武羽槌雄《たけはづちお》命・経津主《ふつぬし》命・誉田別《ほんだわけ》命）へと供えられ〔写真10〕、徐々に祭の雰囲気が盛り上がりを見せたころ、若宮への献饌が始まり、祭がクライマックスを迎えるのである。ミョウガを付けた人形が上げられると、次はいよいよ蛇を乗せた人形である。氏子たちは、「蛇があがるぞー」と大声で叫びながらそれを勢いよく供えていく。そしてそれと同時に、本殿前に設えた大松明（「蛇」とも呼ばれる）に火が灯されるのだ。

この松明への点火は、地元では大蛇退治だと説明されている。それは、この祭に伝わる次のよう

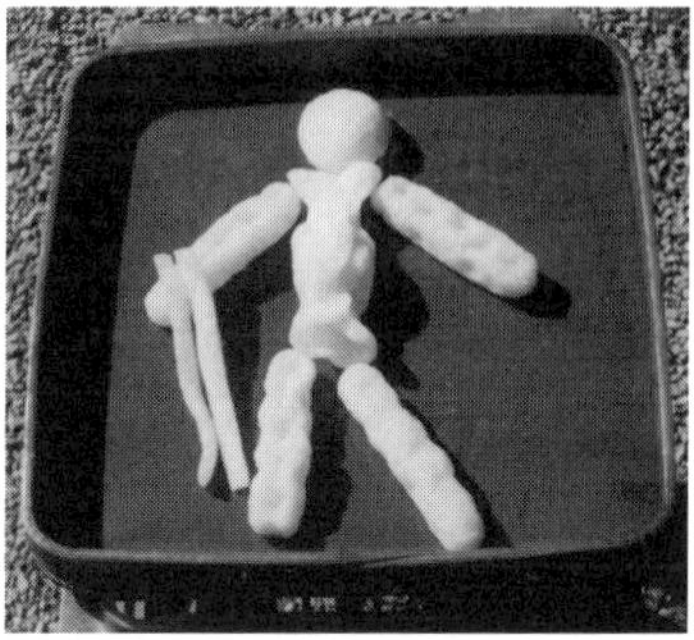

▲写真８　恩智神社（御供所神事）の人形
◀写真９　倭文神社（蛇祭）の人形御供

▼写真10　人形を供える（倭文神社蛇祭）

な人身御供譚に由来しているのだという。

毎年一人の人身御供を神前に供えることになっていたが、ある年、頭屋の一人子が人身御供にならねばならぬので悲しんでいたところ、弘法大師がそれを聞き、代って人身御供になり、大蛇を三つに切った。それ以後、この神饌（人形の神饌—引用者注）を用いるようになったと伝え、蛇の頭を埋めたという蛇塚もある。(3)〔奈良市編集審議会　一九六八　三五〇頁〕

こうして見れば、人形を神前に供え、そして蛇を乗せた人形の献饌を合図に大松明へと点火する祭における一連のプロセスは、人身御供譚の儀礼的な再演であることがわかる。とすれば、人形の供物は、人身御供を要求した大蛇が退治され、共同体に平和がもたらされたことを確認するための装置としての役割を果たしていると言えるだろう。

さらに、私は、この祭における人形御供の扱いについて、次の点に注目しておきたい。それは、本殿への献饌に先立って、本宮当日に、その年の当番組みの氏子たちが人形の神饌を担いで西九条町内を練ることである。現在では、神社の社務所から出発し、町内を巡った後再び神社に戻ってくる形をとっているが、以前の行程は、頭屋宅から神社までであった。すなわち、昭和四〇年代ごろまでは、この地域には宮座組織があり、祭はその年の頭屋によって受け持たれており、頭屋宅につくったお仮屋《かりや》（「お神入りの屋形」と呼ばれた）に祭までの期間御神体を安置していたというから

〔奈良市史編集審議会　一九六八　三四九頁〕、現在のこの人形の神饌の町内巡りは、当時の頭屋宅から神社への神の渡御《とぎょ》の名残なのである。

とすると、人形御供は、神を依りつかせる形代としての役割も担っているように思える。それは、この人形の頭上に御幣が刺してあることからも言えるのではないだろうか。ただし、これが、災厄祓いに用いる形代と区別しておかなければならないのは、先にも述べたように、それが、破棄されるのではなく、氏子たちの食べ物として体内に取り込まれるということである。そうした、人形御供の神の形代としての役割は、次に述べる両社神社・酒井神社の「おこぼまつり」の場合には、さらに明瞭にあらわれている。

3　大津市下坂本の両社神社・酒井神社の「おこぼまつり」

「おこぼまつり」は、比叡山麓の大津市下坂本に隣り合って鎮座する両社神社・酒井神社で、一月八日に並行して行なわれる。両神社で同じ祭が同時に行なわれるのは、この二つの神社がもともと一社をなしていたことに由来すると思われる。由緒書きにあたる『下坂本両社大明神之記』には、むかし梵音堂の上に酒の泉が湧き出す磐座《いわくら》があり(4)、そこに社を建てて酒の精を祀り、酒井大明神として崇めていたが、坂本城主浅野長政の長男幸長が下坂本で誕生したとき、長政は当社を産土神《うぶすながみ》とし、そのゆかりから元和六（一六二〇）年、芸州大守浅野但馬守長晟が施主となって現在地に社殿を建立した。このとき分社して北両社を酒井大明神、南両社を若宮大明神にしたとある。

『大明神之記』の元禄一六（一七〇三）年の記事に、「毎歳正月八日氏人餅ヲ献テ明神へ五穀成熟ヲ祈ル」とあり、また、おこぼまつりで供える神饌に用いる「人形」の南酒井町に残される木箱には、宝暦一〇（一七六〇）年に人形を修復した旨が記されていることからすると〔大津市教育委員会文化財保護課編 一九七五 四五頁〕、その時期におこぼまつりが行なわれていたことは確かだ。だが、二つの神社で全く同じ形式の祭が同時に行なわれることから考えれば、元和六（一六二〇）年の二社分離以前からこの祭が行なわれていた可能性も高いだろう。

少なくとも四〇〇年もの間伝承されてきたと思われるこの「おこぼまつり」で、私が注目したいのは、ここでも、かつての「人身御供」の代わりに人形を供えるようになったという伝承があることだ。すなわち、むかし一月七日の夜になると、瀬田の唐橋に住む龍神が両社川を上ってきて人身御供を要求し、七歳の男の子のいる家の屋根に白羽の矢が立ったが、その後、その代わりに「オダイモク」を供えるようになったというのだ。

オダイモクというのは、大きな餅の上に人形を載せた神饌全体を指した呼称である。ここでは、先の事例と違い人形そのものは食べ物でつくられているわけではないが、オダイモクと総称して呼ばれることや、人形を載せたまま餅を神前に供えることからすれば、人形と餅とが不可分の一体的な神饌と考えられていると言っていい。

では、この祭において、人形を乗せたオダイモクはどのように扱われているのだろうか。両社神社と酒井神社では祭の形式は同じだが、宮座による祭祀組織のもとに現在でも頭屋が祭をとり仕切る古い形式を継承している酒井神社の方を、ここでは中心に見ていきたい。

酒井神社の氏子の範囲は、四つの町にわたるが、そのうちおこぼまつりを担えるのは、南酒井町・北酒井町の二町だけであり、それぞれその年の頭屋（南酒井では三軒、北酒井では二軒が輪番で受け持つ）が祭の準備を行なうことになっている。

オダイモクは南酒井、北酒井それぞれ別につくられるが、そのつくり方に大差はない。まず、一月七日に頭屋がヤド（頭屋のうちの中心となる一軒）に集まり、前日に糯米を搗いてのしておいた帯餅と笠餅で、直径三八センチメートル、高さ三三センチメートルの竹籠を包んでいく。(5) すなわち、竹籠の周りを長細い帯餅でくるっと巻き、上部に丸い笠餅を被せるのである。そうしてすっぽり竹籠が餅に包まれると、それは、巨大な鏡餅のように見えるが、実際、氏子の話によると、もともとは竹籠など使わずに全部餅を用いていたという。その点では、琵琶湖の湖北地方で盛んな大鏡餅を重要視するオコナイとの関連性も見られるかもしれない。

だが、このおこぼまつりの特徴は、その大きな餅の上に人形を載せることである。南酒井町では、餅で包んだ三つの籠の上に松・竹・梅の木を突き刺して、それぞれ、武者人形、ガッテンサンと呼ばれる首振り人形、そして尉《じょう》と媼《うば》の一対の人形を乗せ、北酒井町では、布袋《ほてい》と大黒と夷《えびす》の三体の人形を、オダイモクの隣に据えつけた土俵を象った台に載せていくのである〔写真11〕。

そして、私がここで注目したいのは、翌八日早朝に神前へ供えるまでの間の、人形を乗せたこのオダイモクのヤドにおける扱い方である。オダイモクはその日一晩ヤドに置かれるのだが、その夜

写真11　おこぼまつり（両神神社・酒井神社）のオダイモク

八時ごろに、南酒井町、北酒井町の氏子たちが、それぞれのヤドに集まり、そこでオダイモクに対して宮司による降神の儀が行なわれるのだ。そして現在では、そのあと氏子たちは三々五々帰っていくが、昭和三〇年ごろまでは、宿直《とのい》といって夜通しオダイモクのお守りをしたという〔大津市教育委員会文化財保護課編　一九七五　二〇頁〕。

　こうしたオダイモクの扱いには、まさに人形とそれを載せた餅を神の形代とする考え方がうかがえよう。翌朝の神事の後、神前に供えたオダイモクを下してきて、人形は頭屋が持ちかえり次の頭屋へと引き継がれていくが、竹籠に巻きつけてあった帯餅と笠餅は切り分けて、氏子全員に配られて食べられる。すなわち、オダイモクに宿った神霊はそうして氏子たちの体内に取り込まれるというわけである。

　オダイモクには、松・竹・梅が突き刺してあることからすれば、これらの木の枝が神の依代としての役割を果たしているとも考えられるが、重要なのは、神饌として神前に供え、そして最終的には氏子たちの体内に取り込まれる食べ物（餅）に、神霊の宿りがイメージされているということである。しかも、ここでは、人形は食べ物ではないが、餅の上に乗せられ一体と見なされているということからすれば、餅への神霊の宿りを具現化したものであるとも言える。

そのような人形を供物に据えることで、神饌への神霊の宿りを具現化していると思われる例としては、他にも、老杉《おいすぎ》神社のオコナイが挙げられる。

4 草津市下笠の老杉神社のオコナイ

草津市下笠の老杉神社で毎年二月一五日に行なわれるオコナイでは、搗いた赤飯を菰で包んだ「御供《ごく》」と呼ばれる神饌のほかに、山や海また琵琶湖からの恵みを盛り込んだ豪華なお膳をつくり、そこに人形を立てて神前に供える。

下笠には、『老杉神社文書』の神事記録によって文安四（一四四七）年まで遡れる、八つの「村」[(6)]（殿村・細男村・王之村・獅子村・鉾之村・天王村・十禅師村・今村）で構成される宮座組織があり、オコナイは、この八つの村で順番に当番を務めることになっている。特に、祭で重要な役割を果たすのは、村の年長順に数えて上から六人の「六人衆」と呼ばれる人々で、そのなかでも、最長老の「老人《おとな》」が、頭屋にあたる「神事元」として、祭を取り仕切る。祭で供える神饌は、この神事元の家に当番村の氏子たちが集まり、二月一一日から一四日にかけてつくられる。

その内容を簡単に記しておくと、御供は、「甑《こしき》取り」と呼ばれる精進潔斎した二人の氏子が神事元の土間の竈で炊いた赤飯を、御供搗き専用に設えた杵と臼で氏子たちがかわるがわる搗いていく。その際、「エトエトヤー」という掛け声（意味は不明）をかけながら搗くことに特徴があり、この掛け声は一五日未明の神事元から神社への渡御の際にもかけられるため、地元では、オコナイをエトエトと呼ぶこともある。搗いた赤飯の餅を、菰ですばやく包み、その上から五カ所を藁縄で縛って、さらに白紙で飾って、御供ができ上がる。これは、本祭で合祀してある各社に供えるため九個つくられる。

そして、お膳の献立として一〇種類以上もの供物がある。珍しいものをいくつか紹介しておくと、まず「銀葉《ぎんば》」と呼ばれるものがある。米の粉に熱湯を入れて手でこね、胡麻とほんだわら（海草）のみじん切りを入れてさらに練り、せんべい状に延ばしてから一度蒸し、それをさらに薄く延ばして長方形に切りそろえる。そして、それをヘギの上に三角形に交互に重ねながら一二センチメートルくらいの高さに積み重ね、こよりで縛ってでき上がる。

また、「めずし」がある。戦時中に前宮司の山元一義さんが後世のために神事次第を詳細に記したという『老杉神社行事録』によると、古くは琵琶湖産の鮒ずしを用いていて、それが酒粕の団子に魚を刺したものになったとある。現在は、酒粕を直径一〇センチメートルくらいに丸めて、そこにハイジャコを頭から突き刺したものを用いている。

それから、もう一つ挙げておきたいのは、雀である。当日獲ってきた（現在では買ってくる）雀の足を赤と青の紙で結んでおく。実は、『行事録』に「古累ハ鴈、中古鴨、今ハ雀也」とあることからすると、この雀も変化したものであるようだ。この他にも、鯛、カマス、牛蒡、大根など、豪華で手の込んだ料理が膳に並べられるのである。

人形は、小股の柳の枝に顔を描いて、それを青い紙でつくった衣に包んだものが九体、赤い紙の衣で包んだものが九体つくられる。青が男、赤が女であるという。そして人形は、はす切りにした牛蒡の束にそれぞれ一本ずつ刺しておく。

ここで重要なのは、人形が、写真12のように他の料理とともに膳の一品をなしていることである。すなわち、オコナイでのこの人形は柳の木でできてはいるが、神の食べ物として扱われているのである。

岩井宏実は、この老杉神社のオコナイでの人形は、柳の枝の股木を用いる点で滋賀県下の「山の神の祭り」との類似点が見出せると指摘しているが〔岩井編 一九八一 五九～六〇頁〕、形象での類似はあっても、やはりここでもその扱いに違いがあることは確認しておかなければならないだろう。滋賀県南部に多く見られる山の神祭り（山の神講）は、男女の股木人形を用いて合体させ、人の婚姻になぞらえて豊穣を願うものであり（『日本民俗大辞典』）、すなわち、ここでの人形は山の神の形代として扱われていると考えていい。だが、老杉神社の人形の扱いは、もっと複雑である。

既に見たように、ここでの人形は、神饌の一つとして神前に供えられる。現在では人身御供の伝承は聞くことができないが、蛇を象った「ヤマタノオロチ」とも呼ばれる注連縄《しめ》を拝殿にとぐろを巻いた状態でしつらえてその前に膳を供えることや、さらに祭のクライマックスには、氏子たちが大声を張り上げながらその蛇縄を担ぎ出し、鳥居に巻きつけるなどの一連の所作には、まさに、人身御供を要求する大蛇の退治をイメージさせるものがある。すなわち、ここでの人形も、神の食べ物として供えられることによって、先に検討した倭文神社の蛇祭の人形と同様に、大蛇退治を儀礼的に再演し、人身御供という悪習の終焉と共同体の平和を確認する装置の役割を果たしていると考えられるのである。

そして、一方で、この人形は、神饌に宿された神霊を具象化する役割も担っていると思われる。当番村の氏子によってつくられた人形は、御供や膳を構成する他の神饌とともに、ヤドに一晩置かれ、六人衆によって徹夜で守られる。両社神社・酒井神社のおこぼまつりのように、宮司によって神降ろしが行なわれるわけではないが、こうした慎重な扱いは、人形や神饌が神聖なものと見なされていることを示していると言えるし、また、一五日の本祭では夜明け前の暗闇のなかで、「エトエトヤー」と口々に叫びながら松明の灯だけを頼りに神社まで御供や膳、人形を担いで行列する様子は、まさに、神のお渡りを表わしていると言えるだろう。すなわち、ここでも、神饌や人形そのものが神の宿ったもの、もしくは神の形代と見なされているわけである。

そして本祭では、神前に供えた神饌を降ろしてきて、それが拝殿に集まった八つの村の老人《おとな》と脇《わき》老人《おとな》（老人《おとな》の次の年長者）に振舞われ(7)〔写真13〕、彼らは、各村に御供と御膳を持ちかえり、氏子たちに配る。また、二体の人形は、老人と脇老人が持ちかえり、家の神棚に祀るという。そうして、神饌に宿った神霊は氏子たちの体内に取り込まれ、人形は神の形代として祀られるのである。

写真12　老杉神社（オコナイ）の人形

写真13　神饌を振る舞う（老杉神社）

三　人形御供の祭における役割

以上、四つの事例を検討してきたが、そこで明らかになったのは、人形の供物は、祭のなかで二つの役割を同時に負っているということである。

その一つは、かつての「人身御供」の代わりであるとされる人形を神の食べ物として神前に供えることによって、「人身御供」の終焉が儀礼的に再演されているということである。

この点に関してはやはり、既に第二章で詳しく見た赤坂憲雄による「人身御供譚」の解釈を再確認しておく必要がある。繰り返しになるが、赤坂は「人身御供譚の構造」のなかで、今村仁司の第三項排除論を参照しながら、「人身御供譚」とは、共同体内の秩序を創出するために、第三項一身に暴力を負わせ、排除する供犠の物語であると指摘していた。そして、「人身御供譚」がいずれも現在から隔絶した遠い異空間を舞台にし、しかも「人身御供」という習俗が終焉にいたるプロセスを物語る形式を踏んでいるということは、「人身御供」という「根源的な暴力」の記憶を「再認」しながらも、同時に「否認」するという逆説を孕むことによって、「共同体の起源に横たわる原初の供犠とそれを通じての秩序の創出を、かすかな痕跡としてくりかえし物語る」〔赤坂　一九八九　二一五〜二一七頁〕メカニズムとして機能しているからである、と述べていたのである。

つまり、「人身御供」という物語を伝承すること、それ自体が、「根源的な暴力」の記憶、すなわち、昔は共同体の人間が犠牲になったのだ、ゆえに本来犠牲になるのは人間なのだ、という記憶を呼び起こし（再認）、そして同時にその終焉を再確認する（否認）。それによって、共同体の秩序が新たに更新されていくと考えたのである。

赤坂の言うように、伝承される人身御供譚そのものがこのようなメカニズムを有するとすれば、その物語になぞらえて人形を人身御供の代わりに供える祭においても、また、同様に、こうした「根源的な暴力」の記憶を「再認」し、同時に「否認」するメカニズムのなかで、この人身御供の物語が再演され、その終焉が儀礼的に表現されることによって、共同体の秩序が再確認されていると言っていい。特に、倭文神社の蛇祭や老杉神社のオコナイなどには、それがよく見て取れるが、他の祭においても、人形御供を「人身御供」の代わりと見なしていることからすれば、それを神前に供えるという行為そのものが、そうした共同体の秩序更新を願う民俗的な思考にもとづいたものだと考えていいのではないだろうか。

また、人形に課されたもう一つの役割は、神饌に宿る神霊を人々の前に具現化することであると考えられる。

前節の注7で言及しておいたように、祭の際に神前で神とともに同じ食べ物を食べたり、もしくは、神事後の直会の席で、供えた神饌を氏子がともに食べる、いわゆる（神人）共食が、日本の祭を構成する重要な要素であることは、既に柳田国男が『日本の祭』において指摘していることであり、また民俗学においては一般的な理解になっている。つまり、人々は、山海里の御馳走を捧げることで神をもてなし、その御馳走を共に食べることで、神の霊威を身につけることができ、そして生命力を回復したり、子孫繁栄、生活安寧などが得られるとする考え方が、日本の祭には通底しているというのである。

これまで私が挙げてきた事例における人形御供の扱い（神饌を氏子に配り、食べること）も、基本的にはそうした民俗的思考にもとづいたものであると言っていい。そして、おそらく、ここでは、神饌を人の形に象ることによって、神の霊威を体内にとり込み、生命力を回復させることをより直接的に表現しているのではないかと思われる。

既に見てきたように、人形は、神聖なものとして一晩中頭屋宅で守られたり、また、それを中心にして神社まで渡御が行なわれたりする。そうした扱いからすると、人々が人形に神の姿を見ていると言えるだろう。また、恩智神社の御供所神事での人形が、その手に箸を持たされているのは、そこに、神饌を食べる神の姿がイメージされているからだとは言えないだろうか。そうして、人形は最終的に人々によって食べられる。つまり、目に見えない神の姿を人の形として神饌で表わすことによって、より確実に神の霊威を体内にとり込み、神と一体化する方法がここでは見出されていると考えられるのである。それは、神人共食といった、いわば抽象的な神と人の関係の表現よりも、より直接的で、即物的な表現方法であると言えるだろう。

以上検討してきたことをまとめれば、人形の神饌は、神に捧げられる人身御供と、神の姿の二つのイメージを負っているということになる。すなわち、人形の神饌を供える祭は、人形の神饌をかつての人身御供の代わりとして神に捧げることで、人身御供の終焉を儀礼的に再演し、それによって共同体の秩序の更新を図ると同時に、それに神の姿を具現化させることで、より確実に神の霊威を身につけて、生命力の回復を願うものであるのだ。

四 村落組織としての宮座との関係

ところで、人形御供の事例が近畿地方の稲作の祭に見られることは既に述べたが、祭の形式に注目してみると、それらは宮座組織のもとで行なわれるという点で共通している。[8] とすれば、人形御供と宮座という村落組織との関係についても考える必要があるだろう。

第二章で簡単に見ておいたとおり、宮座については、民俗学や歴史学などにおいて既に多くの研究がなされてきており、その村落組織の多様なあり方も報告されている。例えば、年齢による構成員間の厳しい上下関係が存在する場合が多いが、必ずしもすべての宮座がそうした年齢階梯制にもとづいているわけではないこと、また、特定の家によって特権的に宮座が構成される、いわゆる株座と、構成員が村全体に開かれている村座とに類型化できることなどが指摘されている。実際、本書で調査した事例でも、それぞれの地域において宮座の性格はさまざまなのである。

しかし、伊藤幹治や高橋統一などによる議論〔伊藤 一九九五〕〔高橋 一九八七〕を参考にしてみると、さまざまな様相をみせる宮座という村落組織のいずれもが次の二つの共通した特徴をもっていることは確かなようだ。それは、宮座の成員内部における平等性と、成員外部に対する特権性である。

まず、成員内部における平等性だが、それは頭屋制によって保証されている。近畿地方の宮座においては、宮座加入の家の家長が、毎年交替の当番制で年番神主や祭の準備、その賄いなどを担う頭屋になることを義務づけられている。その順番は、家の配列や家長の年齢順、また神籤による順番など多種多様であるが、最終的には宮座加入のすべての家が頭屋を引き受けることになるという点で、一つの家に恒常的に権力が集中することを避けることで宮座内の平等性を保つ仕組みになっていると言える。

一方、成員外部に対する特権性、もしくは排他性だが、株座も村座も家が編成単位になっていて、男性が家を代表して宮座の成員権をもっているし、また、加入条件が原則として昔からの定住農家に限定され、移住してきた家は宮座への加入が認められない場合も多いという。つまり、宮座とは、村の運営や祭の中心的役割から女性、新参の住人などを排除するシステムでもあるわけだ。

このような宮座のもつ平等性と特権性の二つの特徴を確認した上で、改めて祭における人形御供の二つの扱い方を見てみると、人形が宮座という村落組織の存続に大きな役割を果たしてきたことがわかる。

まず、人形を人身御供の代わりとして神に供えるという行為は、祭のなかで宮座内部の平等性を再確認する儀礼的な演出ではないかと思われる。宮座の祭に伝承される「人身御供譚」では「かつて頭屋の子供を毎年犠牲に出していた」と語られる場合が多いが、これは宮座を構成する家のいずれもが犠牲を出したことがあるという負の記憶を共有するものであると言える。つまり、この場合、人身御供譚は、共同体全体の秩序更新というよりも、そうした負の記憶を共有することによって、宮座成員同士の平等性を確認し、結束力を固める語りとなっているのである。したがって、祭のなかで、人身御供の代わりとして人形を神に供えるという行為は、そうした成員間の平等性を儀礼的に確認する演出であると言えるだろう。

また、一方で、神霊を具現化した人形を直会で食べるという行為だが、これは、祭の場において、宮座の特権性を演出するものであると言える。宮座において直会は重要な要素であるとされており、例えば、肥後和男は、「座人（宮座の成員―引用者注）の交歓を目的とするもの」〔一九四一 三三九〕と指摘しているが、それは言いかえれば、その直会の席から宮座の構成員以外の者が排除されるということであり、いわばそれは外部に対しては宮座の特権性を演出する場でもあるわけである。そして、直会の席の中心に人形御供が用いられる場合は、さらにその成員内部と外部との差が視覚的に強調されると言える。というのも、既に見たように、人形御供は神霊の具現化したものとして扱われているのであり、とすれば、人形を食べられる者、すなわち宮座成員と、食べられない者、すなわち成員外の人々との差は、神の霊威を身につけられるものと身につけられないものとの違いとして意識されると考えられるからだ。

五　人形御供の発生について

1　宮座の祭の展開から

以上、人形御供の祭における役割を、その扱い方と宮座という村落組織の特徴との関係から論じた。このように見てみると、では、人形御供の祭とは、どのような歴史的な背景のもとに発生したのかを考える必要が出てくる。本節では、それを二つの側面から検討してみたい。一つ目は、宮座組織における頭屋儀礼の展開からである。

前節で、人形御供の祭における役割と宮座という村落組織の特徴との密接な関係を指摘したが、近畿地方の宮座のもとで行なわれる頭屋儀礼には、人形御供の祭のほかにも、人身御供と深く関わる祭、例えば、供物を運搬し神前に供進する女性を人身御供に擬する祭などが多く見られることは、既に第二章で触れたところである。

例えば、鳴門市撫養《むや》町の宇佐八幡神社で一〇月一三日に行なわれる「おごく」がある。そこでは、正装した頭屋の夫人が神饌を入れた曲げ物を頭上に頂いたまま本殿に上がって神饌を供える〔写真4〕が、その様子や「おごく」という名称から、地元ではこの祭の由来が人身御供との関係によって説明されている。また、敦賀市山の稲荷神社で行なわれる初午祭（旧暦二月の初午）でも、人身御供を要求した狒々の退治譚が伝えられ、打掛を着て正装した「ヒトミゴクウ」と呼ばれる少女が、

神饌を入れたお櫃を神社の鳥居から本殿まで運ぶ役割を担っている。(9)

このように、これらの祭では、かつて神の食べ物として捧げられたとする人身御供に擬される女性奉仕者が、いずれも神饌を供進する役割を担っているという特徴があるのだ。

祭における女性の役割について議論する上井久義は、このような女性が神饌を供える祭の形式について、そこには頭屋儀礼の原初的形態がうかがえるのではないかと指摘している。上井の議論は第二章で参照したが、ここで再度振り返っておこう。

頭屋儀礼において神饌を供える女性は、厳重な精進潔斎を要求されているのだから、『延喜式』に見られる「物忌《ものいみ》」、すなわち、「神事の中心人物としてのヨリマシ的存在」であったのではないか。それが現在、神饌供進の役割しかもたないのは、祭祀における中心的な地位が頭屋の主人の側に移し、祭のなかでの女性の役割が形骸化した結果ではないか、というのである〔上井 一九六九 三四〇〜三四三頁〕。

祭で奉仕する女性が、古代においては神のヨリマシ的存在の巫女であったのではないか、ということについては、既に柳田の巫女論や折口信夫の「神の嫁」論のなかでも議論されている。上井のこの議論は、そうした柳田や折口の言う古代祭祀における巫女の問題を、頭屋儀礼という具体的な民俗儀礼のなかに置き直し、そこでの神饌を運搬し供進する女性の役割に、その痕跡を見ようとしているると言えるだろう。男性中心の頭屋儀礼が確立していくにつれて、女性の役割もヨリマシから神饌の供進役へと変化していった。上井の描くこのような頭屋儀礼における女性の役割の変容過程については大筋で賛同できるだろう。そして、おそらく、そうした祭の変容の過程で、神饌の供進役の女性が人身御供に擬されるようになったのではないか、と考えられるのである。

この点についての私の考えは、既に第二章で詳しく展開しておいた。以下では、多少重複することになるが、その概略を簡単に紹介しておこう。

神饌の供進役の女性を人身御供に擬する祭に特徴的なのは、神の食べ物である神饌とその供進役である女性とが儀礼のなかで一体的に表現されているということである。大阪市西淀川区野里の住吉神社の「一夜官女神事」は、「一夜官女」と呼ばれる少女たちを、頭屋から運んできた神饌とともに本殿の神前に据える祭である〔写真3〕。その様子は、まるで官女を神の食べ物として神に供えるかのような印象を与えるものであった。また、先述の宇佐八幡神社の「おごく」では、神饌を入れた曲げ物を頭上に乗せた夫人たちが、その上からすっぽりと白い被衣で上半身覆われることによって、神饌との一体性をより強烈に印象づけられている。さらにここでは、奥殿へと神饌を供進する夫人たちの様子が拝殿からは見ることができないように垂れ幕で覆い隠されているために、「昔は人身御供となっていたのではないか」という人々の想像力をいっそう掻き立てられると言っていい。

男性中心に運営される頭屋制が整備されるのにともなって、女性が祭の中心から排除され、神饌を運搬し供進する役割のみを担うようになる。そして、女性の役割が神饌の供進役へと形骸化した祭の現場における、このような神饌とそれを供える女性との間の一体的な表現が、女性が神の食べ物として捧げられたかのような視覚的イメージを生み出し、そうしたなかで娘を神の食べ物として犠牲にする人身御供譚が、祭の由来譚として採用されていったのではないか、と考えることができるのである。

このように、宮座の祭の展開過程で女性を人身御供に擬する祭が発生したと考えてみると、本章で問題にしている人形の供物の発生も、実は、そうした宮座の祭の変容に関連づけることができるのではないかと思われる。例えば、西宮市小松の岡太神社で一〇月一一日に行なわれる「一時上臈」と呼ばれる祭は、第二章でも触れたが、それをうかがわせるものとして興味深い事例だ。

この祭は、北と南の講から各一軒選ばれた頭屋を中心に行なわれ、竹の枝先に紅白の神で男女を象った「一時上臈」と呼ばれる人形《ひとがた》を、米や柿、鏡餅などの神饌を盛った三方《さんぼう》に立てて神前に供える〔写真5〕。そして地元では、これを、「昔人身御供の信じられし時代に犠牲と為したる男女を意味すと伝え」てきたという〔兵庫県神職会 一九三七 四二三頁〕。ここでの人形は、食べ物でつくられているわけではないが、両社神社・酒井神社のおこぼまつりや老杉神社のオコナイと同様に、それが神饌と一体であるものとして神前に供えられていることからすれば、明らかに神の食べ物としての扱いを受けていると言えるだろう。

ところが、既に述べたように、この祭は近世においては、全く別の様相を見せていた。というのも、文化八（一八〇八）年の自序のある浜松歌国の『摂陽落穂集』には、この祭の様子が次のように描かれているからである。

小松村の南に岡田ノ神社といふあり〔式内の神也〕。俗世おかしの宮と云伝ふ。例年の祭礼に社前へ供物を備ふ。男旧例を以て其年此村へ嫁たる女の衣服を着して此役を勤ム。衆人後ロに従ひ手をたゝきて拍子をとる。一時上臈ア、おかしといふ。夫故おかしの宮といふ。

つまり、男性がその年村へ嫁いできた女性の着物を着て、すなわち女装をして神饌を神前に供えていたのであり、このときに、人々が手で拍子をとりながら「一時上臈ああおかし」と唱えていた、それゆえにこの岡田(太)神社は「おかしの宮」と言われるのだ、というのである。「おかしの宮」という通称の由来となったという「一時上臈ああおかし」という言葉が、どのようなニュアンスで用いられていたのかはさだかではないが、この女装した男性を囃し立てる言葉であったことは間違いないだろう。すなわち、『摂陽落穂集』による限りにおいては、当時、女装し神饌を供える男性が「一時上臈」と呼ばれていたのである。

こうしてみると、この祭は、「一時上臈」と呼ばれる女装した男性が神の饗応役として奉仕していたものから、人身御供の名残とされる男女を象った人形を供えるものへと変化していることがわかる。また、この男性が女装していることからすれば、観念的には、本来女性がこれを務めるものと認識されていたことは明らかであるし、あるいは、これが「一時上臈」と呼ばれていることからすると、歴史的にも、この男性より前に、巫女がヨリマシとしての役割を担っていたという可能性もあるだろう。つまり、岡太神社の祭には、ヨリマシとしての巫女→神の供進役である女装した男性→人身御供の代わりとして供えられる人形、といった変容過程をたどることができるのである。

したがって、この岡太神社の場合から考えれば、人形の神饌の発生は、以下のように説明することができよう。すなわち、男性中心の宮座組織による頭屋制が整備されるにともなって、それまでヨリマシとして祭の中心にいた女性が神饌を供進する役割を担うようになっていく。それによって、神饌とその供進役の女性との儀礼上の一体的な表現が「神の食べ物」として捧げられる女性のイメージを生成していき、女性を「人身御供」に擬するようになる。さらに、「人身御供譚」になぞらえた「神の食べ物」というイメージを視覚的に強調する装置として人形御供が案出されていったのではないか、ということである。

さらに言えば、それによって、女性の役割の形骸化はさらに進行していき、最終的には祭から欠如していったと考えられる。実際、本章で挙げた人形を供える祭では、神饌の供進役は男性によって担われており、また祭の場から女性を排除する、女人禁制を固く守っているところもあるのである。

つまり、人形の供物は、宮座組織による男性中心の祭が確立し、発展していくのにともなって祭の場から女性が排除される過程で生み出されたものと考えられよう。人形御供が近畿地方の頭屋儀礼にのみ見られるのは、その発生がそのような宮座による祭の展開と大きな関わりがあるからなのだ。

2　稲作農耕の発展と殺生罪業観の浸透から

以上、宮座組織における頭屋儀礼の展開のなかで人形御供の発生の問題を議論してきたが、最後に、さらにこの問題をより広く、日本における稲作農耕の発展のなかでとらえておきたい。

人形の供物を供える祭は、既に述べたように、近畿地方の平野部、現在では稲作農耕を生業の中心にしているところに分布している。そして、この人形の神饌の祭も含め、人身御供譚をその由来として伝承している祭、すなわち人身御供祭祀に広げてみた場合でも、全国的にみて、狩猟が中心に行なわれている山間部にはほとんど見られず、どちらかといえば、稲作や畑作を行なう地域に多いという傾向がある。こうした分布の傾向は、人身御供譚と農耕、とくに稲作農耕との間に密接な関係があることを物語っていると言えよう。

私は、それを日本における稲作農耕の特殊な展開との関わりで考えている。その特殊な展開とは、稲作農耕の儀礼から動物供犠が欠落していったということである。東南アジアの稲作儀礼のなかで動物供犠が重要な要素を占めていることは、既に宇野円空の『マライシアに於ける稲米儀礼』〔宇野　一九四二〕で明らかにされているし、また、『播磨国風土記』讃容郡の条には、「妹玉津日女命、生ける鹿を捕り臥せて、その腹を割きて、その血に稲種《ま》きき」という記述があることからすれば、日本においても古代には、稲作の祭で動物供犠が行なわれていた可能性は高いのである。また、さらには、狩猟信仰で有名な信州諏訪社で中世に行なわれていた年中四度の御狩《みかり》神事も農耕神事の一部だったと考えられている。つまり、日本においても古代、そして中世までは稲作農耕の儀礼のなかで、狩猟や動物供犠が行なわれていたことは明らかなのである。

ところが、動物供犠は、中世以降、祭から失われていく。そうした日本における動物供犠の欠落の問題を、原田信男は、稲作志向の国家政策との関係から論じている。すなわち、古代の律令制下では、稲作農耕に対する呪術的な効力を意図して肉食や狩猟の禁止令がたびたび出されたが、中世貴族社会では、それが仏教的な殺生罪業の観念や神道的な穢れ意識と結びついて、肉食や狩猟を忌避する観念を生み出していった。それは、一方では、米を至上のものとする観念にも繋がり、鎌倉以降の武家の支配権力でも、そうした観念のもと水田からの米の収奪が至上目的とされたため、さらに肉食や狩猟の禁忌が広がり、次第にそうした観念が庶民にも浸透していった、というのだ〔原田 一九九三〕。

そうであれば、神社の祭から動物供犠や贄が排除されていくのは必然的な成り行きだと言える。実際、既に鎌倉末期から室町期にかけて主要な神社では、神社への参詣を制限する物忌令のなかで、肉食の穢れが、殺生や肉食を罪業とする仏教思想を拠り所としながら、詳細に規定されていた。その内容は、第三章で、八幡社の物忌令である『八幡宮社制』の例をあげて紹介したとおりである。そして、その規定のいずれにおいても、四足獣の食の物忌みが最も重く、次に二足の鳥類というように、全体として、肉食の穢れとなる動物の種類が、鹿・猪などの四足獣→二足の鳥類→魚類のように序列化されているのが注目されるのである。

本章で扱った人形御供を供える祭の事例のなかにも、そうした肉食や動物供犠が祭の場から次第に排除されていった痕跡を残すものがある。例えば、岡太神社では、毎年正月九日の夜に、祭神の恵美須《えびす》大神がシシ打ちをされるのでその夜は各家では表戸を閉じて謹慎する風習があった、と伝えられている。神社側によれば、このシシは、猪ではなく静止（しし）の意味で、したがって、このシシ打ちは、恵美須大神が自ら高潮や洪水などの災害を未然に静止して五穀を豊穣ならしめようとする神事であるという。(10) しかし、シシ打ちという呼称が、例えば、愛知県、長野県、静岡県にまたがる三信遠地方の山間部で行なわれる狩猟の模擬儀礼でも使われていることや、また、同じ西宮市の西宮神社の正月儀礼でかつて広田御狩神事といわれる儀礼が行なわれていたことから考えれば、このシシ打ちも、鹿もしくは猪を捕える御狩神事であったと考えていいだろう。それが、いつ頃からか廃止され、また、シシに別な意味づけをするようになったことなどには、まさに、そうした殺生罪業観や肉食不浄観の影響を見て取ることができるはずだ。

また、老杉神社のオコナイで供えられる雀が、以前は、鴨《かも》、さらに昔には鴈《がん》であったこと、すなわち、鴈→鴨→雀と神に供える贄が変容してきたという過程にも、物忌令に見られたような動物を序列化して排除していく観念の影響があったと考えることができるかもしれない。

このように、殺生罪業の観念や肉食の穢れ意識は、水田の開発が推し進められるのとパラレルな関係で、農耕民にも浸透していったと思われる。しかし、そうした観念は彼らの現実の生活とは大きなギャップがあったという事実もまた重要だ。というのも、中世から近世にかけての水田開発は支配者層による米収奪を目的とするものであり、結果的にそれが農民を新たな困窮に陥れるものであったことは、原田信男の議論を参考に、第三章で述べたところである〔原田　一九九三　一四五～一五五頁〕。つまり、稲作民にとっても生きていくためには生き物を殺すことが必要不可欠の行為であり、それゆえ、彼らもまた殺生の罪業や肉食の穢れを日常的に負わざるをえなかったのである。

また、このように中世以降、おそらく近代にいたるまでの日本における水田開発が、山野を切り拓き、畑までも水田化しようとするような支配権力主導の強引で偏向したものであったことが、旱魃や水害といった自然災害の打撃をさらに甚大にした一因であったろうことは容易に想像できる。そしておそらく、常に凶作の恐怖に怯えていた農民たちの神へ寄せる期待は、水田開発が進めば進むほどよりいっそう切実で大きなものとなっていったに違いない。だとすれば、そうした期待を人々はどのように神に伝えようとしたのだろう。

これについても第三章で私見を述べておいたが、私は、その最も端的な表現の一つが、できるだけ贅沢で価値のある食べ物によって神をもてなし饗応することであり、祭において神前に供える贄とは、第一にそのような意図に従って選択されているにちがいないと考えている。先の岡太神社の場合であれば、それは、シシ（猪もしくは鹿）であっただろうし、老杉神社の場合は鴈であったのだろう。いずれにしても、それらは山野で捕獲して殺すという、殺生行為を不可欠とする動物だったのである。したがって、そこには、鹿肉などのご馳走を供えることで神に豊作を期待する切実な思いと、それによって犯すことになる殺生ゆえの罪責感とのせめぎあいが生じることになる。

　このような殺生罪業観や肉食禁忌の観念と農民たちの現実の生活との間に生じるギャップとせめぎあいの具体例は、第三章で取りあげた花巻市葛の人身御供譚の内容に如実に現われている。

　そこでの議論をふまえて再び確認しておけば、かつて邪神に対するイケニエとして人を犠牲にしていたことを語る人身御供譚とは、人のイケニエという最も重大で罪深い犠牲を始源に設定し、一方でそれとの断絶を明示することによって、人々が現実の生活で犯す殺生の罪を軽減する役割を果たしているのではないか、と私は推測したのである。そしておそらく、これまで本章で見てきたような人形の供物の登場や、動物供犠の排除という現象も、そうした人身御供譚に託された罪責感の緩和作用を促進するために案出された、現実の祭の変容だったと考えたいのだ。

　だとすれば、人身御供譚を由来として伝承する祭は、大きくはそのような稲作農耕の展開やそれとパラレルな関係でとらえられる殺生罪業観の浸透を背景にして発生したものであることがわかってくる。そして、本章で扱ってきた人形御供を供える祭が、そのような日本の農耕社会の歴史がつむぎだした独自の儀礼であったことも、ほぼ明らかになったのではないかと思う。

　なお、ここでは議論することができなかったが、人形御供と動物供犠との、その祭のなかでの役割の類似性は興味深い。すなわち、本章で見てきたように、人形の供物が、祭のなかで神饌に宿る神霊を人々の前に具現化し、神の霊威を体内にとり込み、神と一体化するための直接的で即物的な方法であったということからすれば、それは、かつて血の滴るままに最も生命力に満ち溢れるものとして神に捧げられ、そして祭の場で人々に食された動物のいけにえを、農耕儀礼のなかに、新たに再現する表現方法であるとも考えられるのであるが、そうした点に関連しては、「終章」で、もう少し考えるところを記してみたい。

終章　人柱・人身御供・イケニエ

一　人身御供譚は暴力排除の物語なのか——赤坂憲雄の人身御供論への疑問から

かつて人を殺して神に供えていた、という血ぬられた生々しい歴史が祭の起源として伝承されるのはなぜか。それを考察してきた私にとって、赤坂憲雄の人身御供論は常に大きな示唆に富んだものであった。赤坂は、「人身御供譚の構造」で、こう問いかける。

例外なしに、人身御供譚が伝承の現在からは隔絶した遠い異空間を舞台として、しかも習俗の終焉にいたるプロセスを物語る形式を踏むのは、なぜか。〔赤坂　一九八九　二一七頁〕

この問いは、具体的には、西郷信綱の人身御供論への批判として発せられたものだ。西郷は、「イケニヘについて」〔西郷　一九七七〕で、祭における獣類のイケニエ儀礼が「説話的転調」を果たして人身御供譚が成立した、というようにその起源を推測した。これに対して、赤坂は、獣類のイケニエ儀礼から人身御供譚へという西郷の発想そのものが、「伝承を習俗の位相に還元する、別種の実証主義に足をすくわれている」〔赤坂 一九八九 一九三頁〕と痛烈に批判する。そうして、人身御供をめぐる伝承が自ら語る物語、すなわち、人身御供から獣類のイケニエへという供犠の歴史にこそ、耳をそばだてる必要があるのではないか、と説いているのである。その上で、赤坂は、こう結論づけている。

人身御供譚は神話の位相をかかえこんでいる。それは、共同体の起源に横たわる原初の供犠とそれを通じての秩序の創出を、かすかな痕跡としてくりかえし物語る。人身御供譚はあきらかに、原初の供犠を再現しつつ隠蔽するメカニズムなのである。共同体は人身御供譚という装置に媒介されつつ、第三項排除それゆえ供犠の受容＝内面化をはたす。〔赤坂 一九八九 二一七頁〕

伝承が先か、儀礼が先かなどという問題設定自体が不毛であること。そして、人身御供譚には共同体が孕む根源的な暴力の歴史が刻印されていて、人々は、それを繰り返し語ることでその闇の歴史をいま／ここに再現、追体験し、共同体秩序を更新してきたということ。このような赤坂の主張には、私も基本的に賛同してきたつもりだ。第一章での尾張大国霊神社の儺追祭の分析も、第二章での祭における性と食との関係についての議論も、そうしたスタンスから行なってきたのである。だが、人身御供譚が単なる人の殺害の語りではなく、神の食べ物として供えられた、と語られるのはなぜか、という当初から私の抱いていた問題意識に率直にしたがいながら考察を進めていくうちに、この赤坂の人身御供論を支える論理に一つの疑問を抱くようになった。それは、人身御供譚を、第三項排除、すなわち内から外への暴力の排除の論理によって読み解くことが、どこまで妥当性をもつのか、ということについてである。

暴力の排除について、赤坂は、レヴィ＝ストロースが『野生の思考』で示した供犠論を参照している。レヴィ＝ストロースは、供犠の目的とは「関係の設定」〔レヴィ＝ストロース 一九七六 二六九頁〕だとする。まず犠牲の神聖化によって人間と神との間に関係が設定され、供犠の儀礼はその同じ犠牲を破壊することによって関係を断ち切るのだという。赤坂はこれを受けて、辻や坂や峠などの境界に祀られた道祖神、庚申塔や塞ノ神などをその例として挙げる。確かに、特に東北地方には、ニンギョウ様とかショウキ様などと呼ばれる藁でつくった人形《ひとがた》を村境や辻に立てる祭がかなり多く見られる。フィールドワークによって収集した膨大な民俗資料を分析しながら、神野善治は、こうした「人形道祖神」は、鹿島送りや虫送りなどの疫神送りや、小正月の人形による厄払いを源流にしていると述べている〔神野 一九九六 六一三〜六一七頁〕。川に人形を流す、あるいは村境で人形を焼く、それによって村とそこに生きる人々が浄化される。そうした習俗もまた、根源的には暴力的破壊によって内部と外部とを切断する供犠である、というのが赤坂の供犠理解であると言えよう。

　では、人を神の食べ物とする人身御供譚やそれを起源として伝承する祭もまた、村境で祀り捨てられる人形と同様に、内部と外部との関係の暴力的切断として理解することができるのだろうか。『今昔物語集』で描かれる大猿が、俎板に包丁、それから酢や塩や酒などの調味料を用意してイケニエを待ち構えているように、人身御供譚での供犠はあくまでも神の食べ物として人を捧げることを目的としているように見える。すなわち、結論的にいえば、そこには犠牲の破壊による神と人との関係の切断というよりも、むしろ、神に喰われることによる関係の設定のモチーフが濃厚なのではないか、と私には思えるのである。

　また、赤坂は、供犠について、今村仁司の第三項排除論〔今村　一九八二〕やルネ・ジラールの供犠論〔ジラール　一九八二〕を引きながら、その本質は「置き換え」にあるとしている。


　供犠はつねに〈置き換え〉を本質とする。供犠のイケニエは、共同体の成員間にとびかう相互暴力を一身に負わされる第三項である。たった一人の犠牲者に加えられる破壊と殺害は、置き換えられた暴力なのである。原型的には、王こそがそうした第三項の役割をになう存在であるが、多くそれは共同体内部の周縁性をおびた者に肩代わりさせられる。さらに、この役割は共同体の外部に転移される。供犠の暴力はひたすら遠くへ、外部へとさし向けられる。〔赤坂　一九八九　二〇一～二〇二頁〕

共同体の相互暴力から第三項へ、そして共同体の内部から外部へ、と暴力は限りなく遠くへ排除されていく。外部へと暴力を放出する供犠の儀礼によって、共同体ははじめて安寧を得られるというのである。人身御供という習俗の終焉を語る人身御供譚もまた、この暴力の置き換えを物語っている、と赤坂は指摘する。すなわち、共同体内部の人間から共同体外部の人間、すなわち「異人」へ、そして最終的には獣や供物などの「人間カテゴリーの外部」へというイケニエの置き換えの語りは、供犠の深層構造である内部から外部への暴力の排除の論理を物語っているというのである。

しかし、私はここで再び問わなければならない。人身御供譚のなかで語られるイケニエの置き換え、すなわち、人から獣類などへの置き換えは、共同体内部の人間から限りなく遠くへと暴力を排除することを意味しているのだろうか、と。というのも、祭に伝承される人身御供譚のいずれもが、人から獣類へ、または人から餅へといった置き換えを語っているのであり、その置き換えはどんなに繰り返されても食べ物の範疇に留まっているからである。それは、明らかに内と外とを切断する供犠とは論理を異にしていると言えるだろう。

とすれば、やはり、祭で神の食べ物として捧げられ、直会では人々の共食の対象となるイケニエは、破壊され、外部へと排除されるべきものではなく、共同体の成員に食べられることによって内部へと回収されることにこそ意味があると言えるのではないだろうか。すなわち、イケニエが神にとっても人間にとっても食べ物である、ということをどのように理解できるかが、人身御供譚を読み解く重要な鍵となるはずなのだ。

二　人柱と人身御供

ところで、私は、人身御供が神の食べ物であると述べたが、必ずしもそれはこれまでの人身御供論あるいはイケニエ論で共有されてきた理解ではない。赤坂の人身御供論においても、また、異人論の文脈で解釈しようとする小松和彦の論でも、人身御供は人柱とほとんど区別されずに扱われてきた。また、例えば『日本国語大辞典』（小学館）でも、人柱は「昔、城・橋・堤防などの困難な工事にあたって、神の心を和らげるためにいけにえとして生きた人を水底、または地中に埋めること。また、その埋められた人」と説明され、一方の人身御供は「人のからだを神へのそなえものにすること。またその人。いけにえ」とされる。ここでは、一方を人を地中に埋めること、もう一方を人を神へのそなえものにすること、とその区別は試みられてはいるが、どちらも「いけにえ」という言葉が用いられているため、その差は結局曖昧になっているのである。

第二章でも触れたように、そうした理解に異を唱えたのが、高木敏雄であった。高木は、加藤玄智の人身御供実在説を批判した「人身御供論」のなかで、人柱が人身御供と異なる点をこう強調している。

第一、人柱は神の食物として捧げるのではない。第二、年々の恒例として神を祭るための目的でもない。第三、祭祀の儀式が必ずしも必要ではない。もしまた、人柱を立てる目的が神に捧げるためだとしても、最初から約束されたことではなくて、ただ偶然の必要に応じて例外の事として行なわれる。橋を架けたり、堤防を築いたりするには、きまって人柱が立てられなければならぬのではなく、神の意に背いて強いて神の領分を侵すような大工事に際してのみ、このことが行なわれるのである。〔高木　一九一三　六一頁〕

要するに、定期的に行なわれる祭なのか、それとも偶然生じた必要性に応じて行なわれる臨時の祭祀なのか、そして神の食べ物として捧げられるのか否かが両者の決定的な相違だというのである。この人柱と人身御供とを峻別しようとする高木の意図は、以前にも述べたように、人身御供が単なる空想の産物であることの根拠を示すことにあった。つまり、橋や城の工事を堅固にするためにその底に人間を生き埋めにする人柱は「一種のマジック」として信じられていたのなら実在した可能性はあるが、人を神の食べ物にする人身御供は絶対にありえない、と高木は言いたいのである。

普通の場合に神前に供える物は、生贄でも果穀でも調理したものでもすべて、ふたたび神前から下げられて、信者の口へ入るとか、河へ流されるとか火に焼かれるとかする。もし肉体をそなえぬ神の祭壇に人を供えるとしたら、この人を殺す役目にあたる者のことも考えねばならぬ、殺す儀式のことも考えて見ねばならぬ、殺したあとの死骸の始末は、さらに重要な問題として考えてもらわなければならぬ。しかるに人身御供肯定論者は、このことをまるで考えていない。（中略）して見ると、神の食物になるのは、供えられた者の血と肉だけで、骨は跡に残らねばならぬ。この骨の始末はどうするか。埋めたという記事もなければ、この跡として伝えられるところもない。〔高木 一九一三 六〇頁〕

こうした高木の発言が、「日本人がそんな野蛮なことをしたはずがない」というエスノセントリズムにいかに呪縛されているか、ということは改めて問うまでもない。だが、それよりも私がここで興味をそそられるのは、高木が人が神に喰われる儀式の様を具体的に思い描き、そのあまりの残酷さに想像した自らが恐れおののいていることである。どちらが事実でどちらが空想かという問いは別として、神に喰われる（ゆえに人にも喰われる）人身御供が、加えられる暴力のあり方において人柱とは決定的な差異があるということを高木は直感的に見抜いていると言っていい。

人柱と人身御供とをこのように区別する発想は何も高木のオリジナルであるわけではない。例えば、説経節の「まつら長者」でも明らかに両者が区別して語られている。「まつら長者」には、犠牲となる二人の女が登場する。人身御供とするためにごんがの太夫に買われてきたさよ姫と、かつて人柱に立たされ、その恨みで毎年人身御供を要求する大蛇に変身した女である。この二重の犠牲の物語は、これまでも人身御供論や異人論で取り上げられることは多かったが、いずれも犠牲の舞台である陸奥の国安達の郡、八郷八村の外部から買われてきた「異人」であるという共通性のみが強調されてきた〔赤坂 一九八九、小松 一九八七〕。だが、物語を注意深く読み直してみると、語りのなかで両者の犠牲は明瞭に区別されていることがわかる。

まず、新潮日本古典集成の『説経集』「まつら長者」から、犠牲に関する用語をその文脈とともに拾ってみよう。

① これは大和の物語。そのころ又、奥州陸奥の国安達の郡、八郷八村の里には、大なる池あり、その中に大蛇が棲む。その所の氏神にて、さて不思議なる子細候へば、一年に一人づつ、見目よき姫を、み御供にこそは供へける。ここにごんがの太夫と申して、有徳なる商人ましますが、み御供の当番に当たりける。

② さて自らを買はせたまふその折は、末の養子と申さんとの固く契約申せしが、人み御供に供へんとの約束は申さぬなり。こはいかなることやあらん。

③ 我一人の姫をだに、み御供に供ゆるものならば、なんぼう悲しくあるまいか。

④ さる間、太夫は、み御供の用意つかまつり、八郷八村を触ればやと思ひ、葦毛の駒に打ち

乗りて、八郷八村を、触るるやうこそ面白けれ。「今度ごんがの太夫こそ、生け贄の当番に当りて候が、都へ上り、姫を一人買ひ取りて下るなり。すなわちみ御供に供へ申すなり。皆々御出でましまし、見物なされ候へ」と、一々に触れければ、所の人々承り、かの池のほとりに、桟敷を作り、小屋を掛け、上下万民ざざめきたる。」

⑤博士参り、一々に占ひける。あら恐ろしの占ひや。これは見目よき女房を、人柱に沈めるるものならば、橋は成就なるべしと占うたり。それこそやすき次第とて、やがてみくじをこしらへ、取り見れば、自らを買い取りし、十郎左衛門が当りしなり。さてこそ自らを沈めしなり。

「み御供」「人み御供」「生け贄」「人柱」の四つの用語が見られる。ただし、①から④は、前半のさよ姫が買われてきて大蛇に供えられるまでの文脈であり、⑤は大蛇となった女がかつて人柱に立てられたという自らの悲しい身の上をさよ姫に語る文脈である。すなわち、前半の語りのなかで、大蛇への犠牲を「人柱」と呼ぶことはないし、また後半の語りのなかで、人柱が「人み御供」とか「生け贄」と言いかえられることはないのだ。言いかえれば、大蛇へ捧げられる犠牲を「人み御供」「み御供」「生け贄」、架橋の工事のために沈められる犠牲を「人柱」というように、人身御供と人柱とが峻別されていることがわかるのである。

ここでさらに注目しておきたいのは、「人身御供」と「生贄」とが一つにカテゴライズされていることである。『日本国語大辞典』では、「御供」「み御供」はいずれも神仏への供え物とされているし、また、『総合日本民俗語彙』の用例でも「御供田」「御供屋」とあるように、御供は民俗事例のなかでは祭の時に神に供える食べ物、特に穀物でつくった神饌をさすことが多い。つまり、「人身御供」とは、まさに「人」の供え物であることを表わした言葉なのであると言える。

では、「人身御供」と「生贄」とはどのような関係にあるのか。それは、それぞれの初出用例を確認してみればわかりやすい。「生贄」の初出は、九世紀成立の『皇太神宮儀式帳』の祭料の項の、志摩国の神戸《かんべ》が「生贄」を進上したという記述であるが、その「生贄」の具体的な内容は示されていない。また、日本最古の百科辞典である『和名類聚抄』（一〇世紀成立）にも、漢籍の「犠牲」に「伊介迩倍《イケニヘ》」という訓読語が付せられている。諸橋徹次の『大漢和辞典』によれば、古代中国における「犠牲」とは、「神を祭るに用ひる牛羊豕の属」であり、これを「イケニエ」と和訓よみさせていたのであるが、その「イケニエ」という訓にどのようなイメージが付されていたのかは、やはりここでもよくわからない。「イケニエ」という訓に「生贄」という漢字が当てられ、そのイメージが具体化するのは、中世説話『今昔物語集』の巻二六の七の「美作国神、依猟師謀止生贄語」と同じく巻二六の八の「飛騨国猿神、止生贄語」であろう。本論でも何度か取り上げたように、これらの説話では、まさに「生贄」となった人間が神の食べ物として捧げられる様子がリアルに描かれているのである。

だが、ここにおいて「生贄」という語は人間についてだけ用いられていたわけではない。例えば、『宇治拾遺物語』では、巻四七の「三川入道、遁世之間事」に、「三川国に風祭といふ事をしけるに、いけにゑという事に、猪を生けながらおろしけるを見て……」とある。また、『今昔物語集』の類話である巻一〇の六の「吾妻人止生贄事」には、人についても、また後に神へと供えるようになった猪、鹿についても同じ「生贄」という語が当てられている。つまり、そもそも中世までは、祭に際して神に食べ物として供えられるものであれば、人も獣類も同じ「生贄」の範疇でとらえられていたのだ。

それに対して、「人身御供」という語が文献上に登場し始めるのは中世後期から近世初期の説経節や浄瑠璃のなかである。説経節「まつら長者」の他に、例えば、「曽我扇八景」や「賀古教信七墓廻」など江戸期には近松の人形浄瑠璃で多用されている。要するに、歴史的な前後関係からいえば、「人身御供」は「生贄」より後に用いられるようになった言葉であり、「生贄」のなかの「人」に限定した「人身御供」という言葉が使われることによって、より演劇性と悲劇性が強調された物語が創出されていると言えるだろう。(1)

ちなみに、「人柱」の文献上の初出は、一三世紀成立の『平家物語』(覚一本)である。そこでは、経の島の由来として、島が大風と大波で崩れてしまったので、「人柱たてらるべしなんど」と詮議したが、それは「罪業なるべし」として石の面に経文を書いて代わりとしたことが語られている。また、さらに、いわゆる昔話の「長柄の人柱」の原型と考えられる一四世紀成立の『神道集』

「橋姫明神事」でも既に橋を無事に架けるために立てる犠牲を「人柱」と呼んでいる。とすると、中世期には、「人柱」と「生贄」とが、一方は架橋などの工事の際の犠牲、もう一方は祭で神に供える食べ物という全く別の文脈で使用されていたことがわかる。したがって、説経節「まつら長者」における「人柱」／「生贄」（「人身御供」）の使い分けは、少なくとも中世期までさかのぼることのできる明確な区別だと言っていいだろう。

さらに、「まつら長者」について「異人」の役割に注目してみると、物語構成上でも両者には明らかな相違があることがわかる。まず人柱に関してみると、大蛇の告白から娘は次のようなプロセスで人柱に立てられたことがわかる。

①二見が浦から女が買われてくる。
②橋が毎年流される。
③占いにより美しい女を人柱に立てることになる。
④女を買ってきた男が籤に当たる。
⑤女が人柱に選ばれる。
⑥女は橋のしたに埋められ、殺害される。
⑦架橋が成就する。

ここでは、二見が浦から買われてきた女は、実際に人柱となって殺されてしまう。つまり、共同体外部の人間、すなわち「異人」が招き入れられ、殺されることによって、架橋工事が無事成就する、と語られているのである。言いかえれば、人柱の話では、「異人」のもつ呪術的な力が、共同体の側から期待されていると言えよう。では、もう一人の「異人」さよ姫の場合は、どうだろうか。

①ごんがの太夫が人身御供の当番に当たる。
②没落した壺坂の長者の娘さよ姫が買われてきて、身代わりに立てられる。
③さよ姫が詠んだ法華経の功徳によって、かつて人柱となった娘が蛇身の苦から解放される。
④さよ姫も解放され、故郷へ帰る。

ここで先ほどの人柱の場合と決定的に異なるのは、身代わりとなった「異人」さよ姫は、最終的には大蛇に喰われることから免れているということである。一旦は自発的あるいは受身的に人身御供の身代わりとなった「異人」が、犠牲にならずに解放されるというのは、人身御供譚の定型的な語りである。すなわち、「異人」は、決して神に喰われることはないのである。しかし、それは逆にいえば、「異人」(共同体外部の人間)では、神の望みを果たすことができない、ということを表わしていると考えられる。第二章で述べた敦賀市櫛川の別宮神社に伝わる人身御供譚にはその点がより鮮明に表現されている。その内容を簡単に確認しておくと、こうだ。

人身御供の当番に当たった地頭が、自分の娘の身代わりを探していた。そこに、村のなかで一番貧乏な娘が、いつも地頭殿にお世話になっているということで人身御供になろうと申し出てくれた。祭の日に身代わりの娘は、大唐櫃の中に入り、別宮神社に供えられた。現われた大蛇は、唐櫃の中に首を突っ込んだが、「これはどうもいつも供える娘と違う。御籤の女ではない。だからどうしてもさわるわけには行かない。その代わりにこれからは餅を五升搗いて供えてくれ。そうしたら何の祟りもないから」と言って食べるのをやめてしまった。

この身代わりとなる、村のなかで一番貧乏な娘は、村の領域に居住はするが、村落共同体の正規の成員とは明確に一線を引かれた「異人」的存在であったと考えていい。例えば、歴史学者の藤木久志は、中世の村落には、紛争解決などのために差し出す身代わりの犠牲として「乞食」が扶養されていたことを指摘している。この「乞食」は、私的隷属の外にいる、いわば「村抱え」であり、しかも、苗字をもたず講や寄舎などの村の正規の成員の集まりからも排除された存在であったという〔藤木 一九九八 七六～八〇頁〕。

人身御供譚が伝承されてきた背景にも、そうした村抱えの「乞食」を犠牲に出すという習俗があったことは確かだろう。しかし、ここで確認しておきたいことは、人身御供譚では、そうした村の正規の成員から排除された存在、「異人」では、神の欲求を満たせないとされていることである。

すなわち別宮神社の人身御供譚では、明らかに神（大蛇）は、身代わりの娘を拒絶している。そればかりか、「異人」は神の食べ物となる資格はない、と神自身が述べているのである。とすると、「異人」の力を期待する人柱に対して、人身御供譚は、神の食べ物となる犠牲は共同体の人間でなければならない、という観念の共有のもとに成り立っていると言えるのではないだろうか。

そうであれば、人柱と人身御供とでは、それを支える論理が初めから異なっていると考えた方がよいだろう。繰り返せば、人柱とは、橋や堤などの建築で障害が生じたときに行なわれる臨時的な儀礼であり、生き埋めにする（生きたまま殺害する）ことが呪術的な効果を生み、工事が無事成就するのだという幻想である。その場合、特に、外部からやってきた「異人」が人柱に立てられる物語が多いのは、そうした呪術的な効果をより増幅させる力をもつ存在として共同体外部の人間がとらえられていたためであろう。さらに補足しておけば、そうした幻想が共同体に共有されている限りにおいては、それが実行された可能性は多いにありうると私は考えている。例えば、序章で取り上げた皇居の二重櫓下の人骨群は、その発見の状況から推測するにおそらく人柱であったと考えられるし、また、伊藤ていじによれば、岐阜県大垣の池尻城でも人柱と考えられる人骨が発見されているという〔伊藤 一九七三 一一一～一一八頁〕。

一方の人身御供は、毎年定期的に行なわれる祭で、神に捧げられる食べ物（ニエ）である。物語のなかでは、「異人」の介入を契機にして、人から動物や餅などの現在の祭におけるニエへと置き換わったことが語られる一方で、「異人」が神に喰われることはないことからすると、神のニエになる人間は本来は共同体内部の人間でなければならない、という観念もそこには反映されているように思える。では、ニエをめぐるこのような相反する二つの方向性はどのような関係としてとらえることができるのだろうか。そして、人身御供譚とそれを伝承する祭とは、どのような幻想に支えられているのだろうか。

三　イケニエの置き換え

ところで、前節では、「生贄」という語について、文献上の初出用例を確認することで、「人身御供」という語との歴史的な関係性について述べたが、ここからは、「人身御供」も含めた分析概念としてより広義にイケニエという言葉を使っていきたい。そこで、イケニエについて、簡単に概念規定をすることから本節を始めよう。

イケニエという概念をめぐって、例えば、西郷信綱は「イケニへについて」で、「活かしておいたニへを殺して神に捧げるのがイケニへの本義であった」（西郷　一九七七　一四九頁）と述べている。ニエ（贄）とは、歴史的には古代、神に供える食べ物や、また特に地方から天皇へ貢納される食べ物を指し、律令期には「贄戸」や「贄人」など贄を採取し天皇に貢納する特権的な集団が編成されるのだが、ここではそうした歴史的概念の「贄」から離れて、神に供える食べ物という程度に考えておけばよい。西郷は、イケス（生簀）、イケバナ（生花）、イケビ（埋火）などのイケの用例や、『今昔物語集』においてイケニエの娘に付される「養ヒ肥シテ」という表現などを根拠としながら、イケニエとは殺すまで「活かして」おく、すなわち「活け飼い」にすることに重要な意味があったと結論づけているのである。

こうしたイケニエについての理解は、早くは折口信夫や柳田国男によっても示されている。

にへは神及び神に近い人の喰ふ、調理した食べ物である。いけは活け飼ひする意である。何時でも神の贄に供える事の出来る様に飼うて居る動物を言ふ。同時に、死物の様な植物性の贄と、区別する語なのである。〔折口 一九二四b 二九八頁〕

イケニへとは活かせて置く牲である。早くから神用に指定せられて、あるものは一年、あるものは特殊の必要を生ずるまで、これを世の常の使途から隔離しておくために、その生存には信仰上の意義ができたのである。〔柳田 一九二七b 三三〇頁〕

こうしたイケニエについての議論が、『日本国語大辞典』などいくつかの主な辞典にイケニエの語源説として紹介されていることからすれば、イケニエ＝「活け飼いにすること」という理解は、代表的な解釈として一般的に認知されていると言える。

柳田は、例えば、イケニエが「活かせて置く」「活け飼いにする」ことであることの有力な根拠として、放生会《ほうじょうえ》を挙げる。放生会とは殺生を諌めるために捕えた魚や動物などの生類を解き放つ儀式であるが、特にその儀式が古くから行なわれていた岩清水八幡宮などでは放生池と呼ばれる池に魚が放たれていた。柳田は、こうした放生池は、実は仏教的解釈以前には、祭のとき、神に供えるニエを日常的な食べ物とは区別するために一定期間飼っておいて、神聖化した場所なのではないかとし、神社の池に伝えられる片目の魚の伝承は、聖なる傷を負わされた魚が池に活け飼いにされていたことの証しではないか、と推測している〔柳田 一九一七a 二五二頁〕。

このような柳田の独創的な解釈には私自身も興味をひかれるのだが、ただ、歴史文献のなかにも、あるいは民俗のなかにも、祭の際にイケニエにするために捕ってきた獣や魚を一定期間飼っておくという事例は確認されていない。また、民俗事例として西郷の挙げる、アイヌの熊祭り（イオマンテ）も、このイケニエという語の解釈においては適切な事例とは言いがたい。イオマンテでは、一年間飼っておいた仔熊を殺して神の世界へ送るのだが、大林太良によれば、そうした飼熊を殺す儀礼は、沿海州から樺太、北海道を含めた北方アジアの文化領域に特徴的であり、本格的な家畜飼育を行なっている農耕民と森林の狩猟と河川の漁撈を行なう民族との接触地帯に発生した儀礼であろうという〔大林 一九九一 二一一〜二一七頁〕。すなわち、中世説話などでのモチーフになるイケニエが、「活け飼いされる」ということに重点が置かれていたかどうかは確認のしようがないのであり、この件に関しての私の見解は保留せざるを得ないのである。(2)

したがって、ここでは、イケニエを生きたものを殺して神に供えること、あるいは供えられるものという、シンプルな定義に留めておきたい。ただし強調しておきたいのは、そうした場合に浮かび上がるイケニエとニエとのニュアンスの違いである。すなわち、イケニエは、神の食べ物というニュートラルな意味のニエに比べ、食べるために殺すという、より暴力性を含んだ言葉として用いられていたと言えるのである。

このようにイケニエを定義した上で、イケニエの置き換えの問題について考察をさらに進めていこう。既に私は、第三章で、岩手県花巻市葛《くず》の諏訪神社に伝承される人身御供譚をもとにして、祭におけるイケニエの置き換えと人身御供譚との関係についての私の見解を述べておいた。その要点は、次のようなものである。

葛の諏訪神社の人身御供譚では、かつて人をイケニエに供えていたが、それをやめ、鹿を代わりに供えるようになり、さらに後には雲南堀から捕れた鮭を供え、今では雑魚になったと語られている。そうした、人から獣類へ、そして魚へというイケニエの置き換えの語りは、『宇治拾遺物語』におけるイケニエ譚をはじめとして、いくつかの祭に伝承されていることからすると、人身御供譚の一つの定型であると考えられる。そして、そうした語りの背景には、おそらく中世期に発展した穢れ意識にもとづく触穢思想や仏教的な殺生罪業観の問題があるのではないか、というのが私の理解である。つまり、そうした観念を拠りどころにして、中世には、諸社で肉食に関する物忌の期間が詳細に規定されるようになり、それによって四足獣が最も忌みが重く、次に二足の鳥、魚といった具合に、ニエの対象となるものが序列化されていく。そうして各地の祭から獣類のイケニエが廃止され、より穢れの薄い魚や米へとニエが置き換えられていったのである。葛で伝承されるイケニエの置き換えには、そうした実際の祭におけるニエの変化のプロセスが反映されていると考えていいだろう。

では、人身御供の語りとそうした祭におけるニエの置き換えとはどのように関係しているのか。第三章で私は、それを次のように解釈した。すなわち、かつて人を殺して神に供えていたが、今はそれをやめた、という人身御供の語りは、生きていくために犯さざるをえない殺生の罪責感を緩和し、殺生行為を正当化する論理だったのではないか、と。言いかえれば、人のイケニエという最も重大で最も罪深い犠牲を〈始源〉に設定し、一方でそれとの断絶を明示することによって、人々が現実の生活で犯す殺生の罪意識を軽減する役割を人身御供譚が果たしていたのではないか、ということである。

これが、第三章でのニエの置き換えについての議論なのだが、本章ではさらにこの問題を暴力性の稀薄化という側面から見ていきたい。つまり、穢れ意識や殺生罪業観という解釈の浸透によって、祭のなかで供えられるニエは置き換えられていくわけだが、それは、生きた動物を殺す暴力的なイケニエから、鳥や魚、そして穀類へと、祭における暴力性が排除されていく過程であったと言えよう。さらに付け加えれば、そのようにできるだけ暴力性を排除しようとする志向性は、天皇の祀りとの密接な結びつきで発展してきたといわれる日本の稲作農耕社会の一つの特徴だったのであり、(3)人身御供譚が農耕社会に多く伝承されているのは、そうした問題を背景にしていると考えられるのである。したがって、かつて人をイケニエにしていたという人身御供の語りがなぜ祭に伝承されるのか、という問いには、もう一方で、祭における暴力性の稀薄化という視点からの考察が必要なのである。

ところで、視野を東アジアへと広げてみると、農耕儀礼には動物供犠は欠かせない要素であることがわかる。古典的な研究から挙げれば、『マライシアに於ける稲米儀礼』〔宇野 一九四一〕で宇野円空はマレー半島やスマトラ、インドネシアなど東南アジア一帯の稲作儀礼について分析しているが、そこでは牛や豚、鶏などの動物を屠る儀礼が一〇〇例以上も報告されている。(4) また、最近でも中国の雲南省や東南アジアの少数民族の動物供犠について、詳細な調査、報告がなされているが、注目すべきことは、イケニエにされる動物は儀礼の種類や局面に応じてさまざまに使い分けられているということである。

例えば、雲南省小涼山のイ族は、松明まつり〔苦蕎麦の収穫儀礼〕では鶏を殺して供えるが、家族の健康と平和を祈るイチヒェ儀礼で殺されるのは羊や山羊もしくは豚であって、鶏などの二足動物ではいけないとされるし〔岡部・遠藤 二〇〇二〕、岡部隆志氏の教示によると、葬式の時には水牛がイケニエにされるという。また、ラオスやタイ北部のアカ族ではもっと複雑であり、新年の祭、村を清める祭、籾種を取る儀礼、種蒔きのときの儀礼、刈り上げの儀礼、流行病を防ぐ儀礼など、さまざまな祭や儀礼で使われる動物〔豚や鶏、犬、水牛など〕が村ごとに詳細に決められているのである〔川野 二〇〇〇〕。つまり、これらの東アジアの儀礼で重要とされるのは、局面に応じてイケニエ動物を適切に使い分けることであり、そこには、四足動物から二足動物へといったイケニエとされる動物の一律的な置き換えは存在しないのである。

そうした文脈では、人間のイケニエも動物と同様に積極的に行なわれる。雲南省西南部に住むワ族は一九七〇年代まで首狩りを行なっており、彼らがそれをやめたのは中華人民共和国成立後の中国政府の指導によるという〔鳥越 一九九五 五九〜六四頁〕。鳥越憲三郎は、ワ族から首狩り儀礼について聞き書きをしているが、それによれば、彼らにとって毎年の稲（陸稲）の豊作を願うためには首狩り儀礼は不可欠だったようだ〔鳥越 一九九五 一〇二頁〕。つまり、まさにそれは、野蛮で排除すべきものではなく、「文化としての首狩り」〔工藤 二〇〇二 二一九頁〕だったわけである[5]。すなわち、イケニエ儀礼では、一方向的に暴力の稀薄なものへと変わっていくのではなく、局面に応じて、動物のイケニエが捧げられることもあれば、人のイケニエが捧げられることもある。両者の関係はより密接で、連続的なものとしてとらえられていたのである。

四　神を喰うこと／神に喰われること

このように、東アジアでは人間や動物が、局面に応じて殺され、イケニエにされてきたのであり、穢れ意識や殺生罪業観的解釈によって「毒抜き」されてしまった日本の農耕儀礼に比べて、祭の場に暴力が積極的に発現されていたのである。ただし、この場合、暴力は、人や動物を殺すという行為によって完結するのではない。むしろ、イケニエ儀礼で重要なのは、そのイケニエを人々が喰うことである。
前節で挙げた東南アジアや雲南省の少数民族の祭でも、神に供えられたイケニエは必ず村人に分配されている。鳥越によれば、雲南のワ族の首狩り儀礼の場合にも、一般的には首は食べないが、首狩りと並行して牛もイケニエにしてその肉や血を食べていたという〔鳥越 一九九五 七七頁〕。また、東アジアのイケニエ儀礼ばかりでなく、先にも述べたとおり、日本の祭でも、神に供えた食べ物を食べる直会《なおらい》が重視されてきたことを、柳田国男が指摘している。

つまり「籠る」ということが祭の本体だったのである。すなわち本来は酒食をもって神を御もてなし申す間、一同が御前に侍坐することがマツリであった。そうしたその神にさし上げたのと同じ食物を、末座においてともどもにたまわるのが、直会であったろうと私は思っている。
〔柳田 一九四二 三〇〇頁〕

つまり、神に捧げた食べ物を人が共に食べる、いわゆる神人共食を重要視するのは、少なくとも日本を含めた東アジアの祭では普遍的であったと考えられるのである[(6)]。では、神と同じものを食べる、神人共食とはどのような論理にもとづいているのだろうか。その点について、神話学者の松村武雄が次のような指摘をしている。

食を共にするといふことは、唾液や血液を嘗め合ふことと同じやうに、共食者の間に於ける不可分離な親密関係の生起を意味した。神にささげたものを共食することは、神と共に食ふこと、若くはさらに本源的には神を食ふことであり、従って這般の行為は、人と人とを結びつけると同時に、人と神とを結びつける。〔松村 一九三〇 三七六頁〕

神人共食は根源的には「神を喰うこと」であった、という。この指摘はたいへん興味深いものである。例えば、それは、既に第四章で論じた宮座祭祀において供えられる人形《ひとがた》御供の扱いからも言えるだろう。近畿地方の宮座には餅や芋などを材料にして人の形をつくって供える祭が行なわれているが、そこでは、人形は人身御供の代わりと見なされる一方で、神の依り代としても扱われる。そうして、神前へ供えられた後、おろしてきて氏子に配られ、食べられるのであった。第四章で私は、ここには、目に見えない神の姿を食べ物によって人形にあらわすことで、より確実に神の霊威を体内に取り込み、神と一体化する方法が見出されているのではないか、と推測した。神と同じ食べ物を食べるという行為の根源に神を食べて一体化するという観念があるとすれば、この人形御供はその具体的な表現だと言えるだろう。

また、日本における獣類のイケニエについても、イケニエそのものが神と見なされていたのではないか、と私は考えている。諏訪大社の御頭祭で供えられる七五頭の鹿のなかにかつて必ず耳の裂けた鹿が含まれていたという伝承が伝えられていたり、また、祈年祭には「白馬・白猪・白鶏」を供えるという記述が『延喜式』にあることからわかるように、イケニエにされる獣類には、傷や白い色など何かしらの徴がつけられているのがよいとされていた。柳田はこれを神の独占物であることの徴だと指摘しているが、むしろ、イケニエとなる獣が神に近い存在、もしくは神そのものであることの徴だと考えた方がよいのではないだろうか。イケニエは必ず人々によって食べられ、体内にとりこまれることからすれば、イケニエの役割をそのように考えた方がわかりやすいだろう。

さらにいえば、イケニエと神との同一化は、イケニエ儀礼の演出によっても支えられていると言える。ただしそれは、ユベールとモースの強調する「犠牲の聖化」〔モース／ユベール 一九八三 一七頁〕といった観念的なレベルの問題ではなく、より身体的感覚的なレベルで行なわれている。すなわち、イケニエを殺す方法はさまざまであるが、首筋を切って血を流すにせよ、鼻口を押さえて窒息死させるにせよ、生命あるものが迎えようとする断末魔はすさまじい迫力がある。人々は悶え苦しむイケニエの姿に神聖さを感じ、そこに神を幻想するのではないだろうか。イケニエ儀礼において、日常的な狩猟行為と異なり、すぐに絶命させないような残虐な殺し方が志向されるのは、そのためであると言っていいだろう。そうして人々は生命力を爆発させたイケニエを食べつくし、神と一体化しようとするのである。(7)

そうであれば、日本の農耕社会において、イケニエという暴力的な儀礼が行なわれなくなったことは、すなわち、祭の場で食べることを通しての神と人との一体性の実感もまた稀薄化したことを意味するだろう。そうした祭に伝承される、かつて人をイケニエにしていたことを語る人身御供譚は、それではどのような意味をもっていると言えるだろうか。

人身御供譚のなかで特に私が興味を引かれるのは、人がまさに神に喰われようとする場面のリアルさである。それは、物語を面白くしようとする説話的な演出なのか。私は、そうではなく、人が神に喰われる場面こそがそもそも人身御供譚の中心的な語りだったのではないかと考えている。

神や鬼に人が喰われることは、人身御供譚の他にも、古代の説話の一つのモチーフとなっている。例えば、『出雲国風土記』の「大原郡阿用」の項には、山田を耕していた男が突然やってきた一つ目の鬼に喰われてしまったという話が載せられている。また、『伊勢物語』第六段にも、男が知らないうちに蔵の中で女が鬼に一口で喰われてしまったという悲劇的な物語が語られている。つまり、古代には、人間が避けることのできない、突発的な神の暴力的示現が、鬼（神）に突然喰われることとして表現されていたのである。

そこで注目したいのは、『日本霊異記』中巻第三三の「女人、悪鬼に点《し》められて食噉《くら》はるる縁」である。それはこういうものだ。鏡作造のひとり娘の万《よろず》の子に、夜這いにくる者があった。

（万の子は―引用者註）見て心におもねりて、兼ねて近づき親しみ、語に随ひて許可し、閨《ねや》の裏《うち》に交通《とつ》ぐ。その夜閨の内に、音ありていはく、「痛や」といふこと三遍なり。父母聞きて、相談《かたら》ひていはく、「いまだ效《なら》はずして痛むなり」といひて、忍びてなほし寝たり。明くる日に晩く起き、家母戸を叩きて、驚かし喚べども答へず。怪しびて開き見れば、ただ頭と一つの指とを遺し、自余はみな啖《くら》はる。

万の子は、通ってくる神（鬼）と自ら進んで交わりをもち、その末に喰われてしまう。また、両親が閨から漏れ聞こえてくる「痛や」という娘の声を初夜の痛みと勘違いしたと語られている。とすると、そこには神に喰われることが、不可避の一方的な暴力としてより、娘にとっても快楽であるとする意識が暗示されているようにも思える。

また、新潮日本古典集成の注によれば、万の子が、鏡を象徴する太陽神とそれを祀る巫女との神婚神話を伝承する鏡作造のひとり娘であることからすると、万の子には巫女の姿が投影されているのではないか、という。とすれば、神に喰われるというのは、神の圧倒的な力の示現であり、人間にとっては恐怖の対象であるとともに、それは神と人（巫女）とが一体化するための究極的なあり方の表現であったのではないだろうか。

第二節で確認したように、人身御供譚には、人身御供は本来的に共同体内部の人間でなければならないという観念が見られた。しかも、その場合の共同体内部の人間とは、白羽の矢の立った家、すなわちその年の祭司の娘（巫女）であることからすると、人が喰われる場面をリアルに描き出す人身御供譚でも、喰われることで一体化する神と人（巫女）との究極的な関係が志向されていると言えるはずだ。

ここにおいて、ようやく、動物を殺して神に供える暴力的なイケニエ儀礼が廃された日本の農耕社会の祭に人身御供譚が伝承されることの意味が鮮やかに浮かび上がってくるだろう。すなわち、イケニエ儀礼では、本来、イケニエを暴力的に殺害することで神を示現させ、それを喰うことで神との一体性が実感されていた。だが、四足獣から二足へ、魚へ、そして穀物へとニエが次々と暴力性の稀薄なものへと置き換えられていくと、祭の場で神と人との一体性を身体感覚として経験することは難しくなる。人身御供譚は、喰われることで神と一体化する原初的な神と人との関係を語ることで、祭のなかに、神と一体化する身体感覚を呼び起こしているのである。

日本の農耕社会は、生き物を自らが殺す、という行為をできるだけ排除することで発展してきた。それは、殺生による暴力を振るわないですむと同時に、動物と対峙することによって必然的に晒される身の危険、すなわち自らが殺されてしまうかもしれない、という人間が自然から受ける暴力を免れることでもある。しかし、人間が生きていくことは、生き物の犠牲の上に成り立っているのであり、そこでは人間もまた喰われることで生き物に生を与える存在であるはずだ。(8) 人々は、暴力を排除しようとする一方で、稀薄化した生の実感をもう一度身体に呼び覚ましたいと願う。だからこそ、人が神に喰われるという恐ろしい人身御供譚が長い間伝承され続けてきたのではないか、そう私は考えている。(9)

五　失われた生の実感を求めて

フランスのアナール学派の歴史家であるアラン・コルバンは、『人喰いの村』という、一見ショッキングなタイトルのつけられた著書のなかで、一九世紀後半に南西フランスのオートフェイという小さな農村で起きたある虐殺事件の意味を、「集合的感性の変遷」という主題を立てて論じている。この事件は、アラン・ド・モネイスという一人の青年貴族が、二時間にもわたって農民による集団的な拷問を受け、さんざん暴行されたあげく火あぶりにされて殺された、という凄惨な事件なのだが、コルバンによれば、「それが重要であるのは、〔一九世紀後半という──引用者注〕時期的にかなり遅くなってから起こった事件だから」〔コルバン 一九九七 一五八頁〕だという。

つまり、少なくとも一七・一八世紀までは、虐殺の儀式は、冒瀆であると同時に贖罪であるという認識が共有され、したがってそれは、「神との和解をしるしづけ、流された血の純化・再生力によって再社会化を引き起こす供犠」であったのだが、「啓蒙の世紀の人道主義が作動しはじめる」と、苦痛を与えたり身体を切断したりする昔ながらの儀式を断罪するような新しい感性（「感じやすい魂」）が生じてきた、というのだ。例えば、そうした「感じやすい魂」のもとに、一瞬にして死をもたらすことで苦しみを廃棄する（と考えられた）ギロチンという新しい処刑様式が生み出されていき、また、動物の屠殺は都市や商売の中心から遠く離れたところに追放されて、「血まみれの死と食肉のあいだのつながり」を隠蔽していくことになる。要するに、一九世紀を通じてずっと「暴力の緩和のプロセス」が作動し、「集合的残酷性の露骨さにたいする不寛容が高ま」っていったのである〔コルバン 一九九七 一六二～一七三頁〕。したがって、オートフェイでの事件は、暴力を断罪する、そうした新しい感性が人々の間に共有されるようになった時期に起きた時代錯誤的な事件であったのであり、人々はその不可解さゆえに、それを、恐怖とおぞましさの窮極である「人喰い」として表象していったのだ（実際には人肉食は行なわれなかったのにもかかわらず）、とコルバンは指摘しているのである。

近代における集合的感性の変容によって、虐殺や暴力がおぞましいものとして断罪され、暴力的行為が排除されていったというこのコルバンの議論に倣えば、序章で触れた近代知識人たちの人身供犠に対する感情的な拒絶反応は、暴力に対するそうした新しい感性ゆえの反応であると言えるし、また、近代的素地をつくりだした近世に、一人の人間に集団的な暴力が加えられる儺《なおい》追祭を「人身御供の祭」として表象した都会の人々の間には、既にそうした暴力を許容しない感性が共有されていたと考えることもできよう。

私は本書で、人身御供譚を祭のなかに暴力性を喚起する語りとしてとらえてきた。すなわち、人身御供譚とは、暴力性をできるだけ排除することで成り立ってきた日本の農耕社会で、稀薄化した生の実感を人々の身体の中に呼び覚ますものだったと考えたのである。では、コルバンのいう「感じやすい魂」を共有する近代社会においても、果たして、人身御供譚は変わらず暴力性を喚起する語りとしての意味をもちうるのだろうか。その問題について私の思うところを率直に述べることで、本書を締めくくりたいと思う。

＊

岩手県花巻市葛《くず》では、かつて人身御供となった娘の骨を埋めた供養塚が祀られているが、その供養塚についての話を地元の方にうかがっていると、こんな表現がたびたび使われていることに気づく。

この地域の人は、よく知っていることだけれど、他の地域の人に、村の女性が犠牲になったなんて言いづらいでしょ。伏せてはいるんですけど、実際は、そういうことなんですよ。

他の地域の人には話しづらい、村人だけの秘められた記憶。彼らの言葉には、かつて村の娘を犠牲にしたということに対する、葛の人々の共有する「負い目」のようなものが感じられる。そして、おそらく村の娘を犠牲にしたという〈負の記憶〉は、この地の人々が経験してきた度重なる飢饉の記憶と不可分に結びつくことで、葛では今日までずっと共有されてきたのではないか。

聞き書きのなかでの次のような話に、私はそんなことを考えさせられた。それは、供養塚や葛の歴史についての話の最後に、ポツリと語られたある事件の話である。

ごく近年、ここ一〇〇年の間にあったらしいです、ここでも。いつの飢饉か大飢饉のとき、たぶんとても腹が空いたんでしょう、大根を盗んで食って、それが見つかって生き埋めにされた人がいる。道路を拡幅するときに、お墓があったんですよ。無縁仏にするとき、ここのお墓は、そういう人が入っているお墓だよ、と聞きました。生き埋めにしたのも葛の地域の人。亡くなった人も葛の人。なかなか、そういうことがあっても、皆にこういうことがあったよと聞かせられないでしょ、そういうことを聞けば大変な人もあっただろうから。大変なところだったそうです。

ここ一〇〇年間にこうした凄惨な事件が本当に起こったのかどうかは実際のところわからない。しかし、盛岡藩政下で不作、凶作が続き、大きな飢饉が何度も繰り返し起こったことは、当時、横川直胤の記した記録に詳細に書かれているし〔高橋梵仙 一九六九〕、また、明治以降も、葛を含む宮野目地域では、北上川からの電気動力による揚水施設が本格的に設置される昭和初期まで慢性的な用水不足にあり、相変わらず促進された水田開発がさらに用水不足に拍車をかけたため、旱魃の被害はよりいっそう深刻なものとなっていたのである。

そうした支配権力主導の強引で偏向した水田開発の推進を一因に、凶作や飢饉が何度も繰り返されるなかで、人々は、自分が食べていく（生きていく）ためには、何ものかを犠牲にせざるを得ないという、生にともなう避けがたい「負い目」を経験的に感じとってきたのではないだろうか。そして、そうした実感が共有されていたからこそ、葛の人々は、かつて神のニエに供えるために娘を犠牲にしたという人身御供の物語をリアルに語りついできたのだろうし、犠牲になった娘の骨が埋まっているという供養塚を大切に守り続けてきたのではないか、と思うのである。

葛ばかりではない、東北は、昭和にいたるまで度重なる凶作や飢饉に見舞われてきた「飢餓《けがち》の風土」であった。例えば、『昭和東北大凶作』には、昭和九（一九三四）年に東北地方を襲った大凶作の状況が詳しく述べられている。著者である山下文男は、そこで自らの苦い経験を惜しみなくさらけ出しているが、なかでも山下の母親の記憶についての記述は、食糧不足の危機的な状況を最も端的に語るものとして、衝撃的である。山下の郷里では、「飢饉」と「餓死」がほとんど同意語として用いられており、母親は飢饉のことを「餓死」と言っていたというのだ。

「糧《かて》めし」といってな、稗の中に干した大根糧をたくさん入れて炊き合わせるんだ。麦がちょっぴり入ることもある。そりゃ不味いさ。「糧めし」と比べたら、「稗《ひえ》めし」なんて、まだお振る舞いの御馳走を食っているようなものだ。だども、誰もカラカジ（不平）なんていわなかった。（中略）とにかく、海のものだろうが、山のものだろうが、食えるものは何でも食った。餓死だもの。〔山下 二〇〇一〕

「食えるものは何でも食った。餓死だもの」。「食べる」ということは、すなわち「生」を、そして「飢える」ということは、すなわちストレートに「死」を意味したのだ。

東北で聞き書きをしていると、思いがけず多くの人々が、畑や田んぼを荒らす猪や狸などを棒で叩いて殺し、みんなで食べたという経験をしていることを知る。つまり、ここではひと昔前まではそうした動物殺しが日常の生活の光景としてあったわけであるが、そのことと東北が死と常に隣り合わせの「飢餓《けがち》の風土」であったこととは密接な関係がある。すなわち、動物を殺してその肉を食べるということは、彼らにとってはより切実な生の営みだったのである。したがって、そこでは、人々は、生きるエネルギーをそのまま体内に取り込むことのできるというこの上ない喜びと、何ものかの生命の犠牲の上に自分たちの生命が繋がれていることへの負い目との二つの相対する、だが分かちがたい感情のなかで、動物を殺し、生きてきたのだと言えるだろう。

だが、既にそうした動物殺しの光景は、ここ東北でも失われている。だから、東北の若い世代は、動物を殺すということに対して情緒的な反応を示すにちがいない。そこではおそらく、人を犠牲にして神のイケニエに供えたなどという人身御供譚は単なる空想の物語としてしか受け止められないのではないだろうか。実際、葛では供養塚をお参りする人が年々減ってきたというが、おそらく、それは、飢えの記憶を共有しない恵まれた若い世代が、「人身御供」の物語にリアリティを感じることができなくなったことが大きな要因となっているのだろう。

私もまた、「感じやすい魂」をもつ近代人であり、また動物殺しの現場から遠く隔たった生活を営んできた者の一人である。そのように考えると、人身御供譚にこだわり続け、そこに、喰う／喰われるという暴力性の発現を見ようとしたのは、行き詰まる近代文明のなかで、これから私たちがより豊かに生きていく術を見つけるためであったと同時に、何よりも、私自身が、自らの身体の中に、生のリアルな感覚、生きていることへの確かさを呼び覚ましたい、と願ったからかもしれない。そして、私は本書を書き上げることで、その生の確かさを、少しだけ取り戻せたように感じている。

今、私は、東北にいる。ここで、しばらくは、聞き書きという手法によりながら、飢饉の記憶[10]と、そして動物殺しの光景を描き出していきたいと考えている。より確かな生の実感を求めて……。

注

はじめに

（1）この「痛み」への想像力という視点については、田中雅一の「女神と共同体の祝福に抗して」〔田中 二〇〇二〕に示唆されている。田中は、寡婦が夫の遺体とともに焼かれるインドのサティーに、文化人類学者として対するための方法の重要な視点として、そこに厳然としてある、当事者の「痛み」とその痛みを自分のものとして受けとめる近親者の「哀しみ」（田中はこれを「哀しみの共同体」と呼ぶ）に注目することが必要だとしている。それによって、文化相対主義の立場から結果的に暴力を容認し擁護することにつながってしまう連鎖を断ち切ることができるのではないか、というのだ。

序章

（1）柳田が供犠の問題を最終的には切り捨てたことの代償として、その後正統的な民俗学においては、この問題についての議論が展開されていくことはなかったと言っていい。高山純は、そうした学問状況を生み出した背景には、民俗学の研究方法の問題があると指摘している。すなわち、日本の民俗学は、国内で得られる民俗的資料によってのみ解釈されるが、異文化に関する資料ともっと積極的に照合していけば、供犠の問題がおのずと日本の問題としても浮かび上がってくるはずだ、というのである〔高山 一九七二 一〇九〜一一〇頁〕。この指摘はたいへん重要であるが、ただし本章で論じるように、異文化の資料の扱いはさまざまであり、異民族の「未開性」を強調することによって、日本人の文明性を際立たせるということも常套手段なのである。結論的に述べれば、供犠や食人は、論じる者の価値観を炙り出すような問題なのであり、それに対していかに自覚的に向かい合えるかということが、この問題の研究における重要な姿勢となるのである。

（2）ただし、『東京朝日新聞』や『時事新報』では、ほとんどこの事件についての記事は見られない。このような各紙での扱いの違いがいったい何によるものなのか、実際のところ私にはよくわからない。ただし、付け加えておきたいのは、『東京日日新聞』が、同様に大阪系列の『東京朝日新聞』とともに、関東大震災以後、全国の新聞販売市場のシェアの大部分を占めていたという事実である〔内川芳美　一九八九　三七頁〕。また、さらに山本武利によれば、第一次大戦後、新聞は大衆的報道新聞への道を突き進み、かつて明治前期にみられた知識人読者＝「大新聞」、庶民読者＝「小新聞」という読者層の住み分けの図式が描けなくなったという〔山本　一九九四　二九一〜二九二頁〕。すなわち、この時期には知識人から大衆にいたるまでの幅広い階層が、同じ新聞の読者であったわけである。とすれば、『東京日日新聞』および『大阪毎日新聞』におけるこの事件の大々的な報道が、あらゆる階層の読者に大きな影響を及ぼすものであったことは間違いないだろうし、また逆にいえば、ゆえにそれらの記事はこの事件をめぐる当時の一般的な関心のあり方が反映されたものであったと考えてよいだろう。

（3）坂本太郎による『国史大辞典』「黒板勝美」の項の記述による。

（4）大正一四年六月三〇日付『東京日日新聞』の記事による。黒板勝美の見解についての同様の記事は、同日付『大阪毎日新聞』『読売新聞』『東京朝日新聞』などにも掲載されている。

（5）『東京日日新聞』（七月三日）には、その法要の様子が、写真とともに次のように詳細に報告されている。七月二日午前一〇時、桐箱に丁重に納められた人骨は宮内省の定紋の打たれた自動車で増上寺へ送られた。そして同寺では大僧正を筆頭に全山の衆僧が出迎え、これを「宮城櫓下発顕遺骨諸精霊位」と書かれた大きな白木の位牌とともに本堂に安置して、懇ろに法会が営まれる。祭壇には、当時の首相加藤高明から贈られた白百合の花輪が捧げられていたという。

（6）古代文化史の観点から、殉死と埴輪伝承の問題を論じた平林章仁の「殉死・殉葬・人身御供」〔平林　二〇〇〇〕も参考されたい。

第一章

（1）尾張大国霊神社は、中世においては「府中鎮守惣社」、近世には「国府宮」と称されていたことから、尾張国府に付随した総社（惣社）の役割を果たしていたと考えられている。この尾張大国霊神社の総社としての性格については、入江英弥の「尾張国総社　尾張大国霊神社考」〔入江　一九九六〕に詳しい。

（2）「なおい」の表記については、近世史料では「儺追」とされたり「儺負」とされたり、一定ではない。ここでは、前神主の田島仲康に倣って、厄除けの神事と意味付けされる祭自体については「儺追祭」と、そして、厄を負う役については「儺負人」と表記することにする。

（3）これは、神社が現在、一般の参拝者に配布しているパンフレットによる。

（4）儺追祭については、その呼称から中国の「大儺」を取り入れた古代宮中の「追儺」の行事を起源とする祭であると考えられるし、また、神社側の言うように称徳天皇による吉祥天悔過の法会執行の勅命に由来するとすれば、修正会との関連で発生した祭であるとも考えられる。山路興造は、本来の鬼役が鬼の姿をしていないが、古くは吉祥天女像を供奉し、社僧によって神名帳の読誦、宮福大夫による翁舞などが行なわれていたという記述からすると、まさに、かつては「正統なる修正会の結願の鬼追いの形式を伝承していた」のだと指摘している〔山路　一九八八八二頁〕。国学院大学日本文化研究所の報告書〔島田・茂木　一九九二〕でも整理され、また後に私も触れるように、実際、近世においては、知識人たちによってこの祭の起源をめぐるさまざまな解釈の応酬が繰り広げられてきたのである。しかし、本章は、「人身御供の祭」という語りも含め、儺追祭をめぐるさまざまな解釈がどのような文脈で行なわれてきたのかを明らかにすることに主な目的があるので、この儺追祭の歴史的起源の問題については、議論の対象としないことを予め断っておきたい。

（5）近世の史料には、儺負人を「神男」とする記述は見られない。国学院大学日本文化研究所の報告書でも指摘されているように〔島田・茂木　一九九一　六五頁〕、この呼称は、儺負人が志願者のなかから選ばれるようになった明治以降のものであると考えられる。ただし、現在の祭において「儺負人」よりむしろこの「神男」または「シン」の方が一般化した呼び方であることは注目に値しよう。というのも、祭当日までの参籠の期間に、多くの参詣者が神男から「お加持」を受けようと儺負殿を訪れることや、また、儺追祭の翌朝に大役を務め上げた神男を励まし、その体に触れようと行列する人々の様子からすると、神男（儺負人）は、厄払いという負の属性を帯びるとともに、神格化された存在であるとも考えられるからだ。現在の儺追祭を分析するには、儺負人（神男）をめぐるこのような両義的な扱いをどのように理解するのかということが重要なポイントであると言えるが、「人身御供の祭」の語りを議論の対象とする本章ではこの点は保留し、別の機会に論じたい。

（6）この論文は、明治三六（一九〇三）年に那智山中で脱稿された英文の論文 "The Traces of cannibalism in the Japanese Records" であり、南方は『NATURE』誌編集部にこれを送ったが、掲載されずに終わったとされる。なお、引用文は、松居竜五の訳によった〔松居　一九九七〕。

（7）こうした記述は儺追祭だけではない。時代は下るが『房総志料』（宝暦一一〔一七六一〕年）における君津郡の坂戸明神についての記事にも、同様の記述が見られる（「坂戸明神の祝かたりしは坂戸の神、古は祭に人御贄を供す一村相会し籤をふり、贄の籤を得たる人を直視俎板に載せ、屠刀を揮ひ截割するまねして神祭に供す、其人三年を待たずして必ず死すと此俗後世いつとなく廃す」）。したがって、こうした祭の描き方が当時形式化され、広く流布していたことが推測できる。

（8）近世には、尾張大国霊神社の祭神は大己貴神であると見なされることが多かった。

（9）近世には、稲田姫神の神影の掛軸が伝わっており、夜儺追神事の前後にそれを前にして稲田姫神事が行なわれていた。また、神道家などにはこれを稲田姫ではなく吉祥天であるとする解釈もあったようだ〔田島　一九八三　四一九頁〕。

（10）引用文にある「其僕・飛脚・急用之輩ニ而も捕申候」は、文脈からすると「捕不申候」であると考えられるが、ここでは史料通りにとらえておくことにする。
(11) この儺負人の記録「当宮儺負神斎留書」(天保五〔一八三四〕年)には、編者である前神主橘茂富自身によって、「当年七十三歳ニ及び露命の程もはかりかたく、当家の古記録くわしく吟味いたし吟味いたし、子孫の為に書残置者也」という編集の目的が記されている。また、貞享二年以前についての書付もあったが「あらあら敷留なれハ委く吟味も行届かたく故、是以前のこともらす」という断り書きもある。
(12) ただし、その編纂は藩主の死去によって頓挫し、結局『尾張風土記』が日の目をみることはなかったようだ。
(13) どのような者を雇ったのかは、これ以後明治にいたるまでの神社側の儺負人に関する記録が残っていないのでわからない。しかし、幕末の尾張藩士阿部直輔が編纂した藩誌である『尾藩世記』の寛保三年の項に、「国府宮追儺祭、行人を捕へ、犠生とする事を禁す。此祭、古来行人を捕へ、生贄トスル例タリシヲ、公、此悪弊野風ヲ戒シメラル。コレヨリ銭ヲ出シテ、賤人ヲ雇ヒ、之ニ供セリ」とあることからすると、雇われたのは「賤人」である可能性もある。ただし、こうした雇人の身分についての記述は、他の史料には見られない。
(14) 近松茂矩は、儒学的な長沼流兵法学に神道精神を加え、諸武術を総合して一全流を創始した武学者としても知られている。
(15) ここでの「土民」という用語の解釈については、「中世土着の住民の総称。一般的には、その土地の百姓をさすことが多い」という『日本史広辞典』の説明にしたがったが、この記事をこのように村人たちの語りの記録としてとらえるには、さらに慎重な検討を要する。
(16)『国府宮社記』(寛政一〇〔一七九八〕年)には、「右儺負神事御祭易之節、社地為繁昌、正月二日より晴天七日之間初市興行、幷小芝居・小見せ物御免被成下、近在江申通シ、望之者江ハ社地幷社家家之内、夫々相応ニ借シ渡商店為出、小芝居・小見せ物をも望ニまかせ勧進本を付、興行為致」とある。すなわち、祭祀改変によって、正月二日から七日間、社地に市や芝居小屋や見世物小屋が興行するようになったというのだ。この記事は儺負捕りの行なわれる正月一三日のことではないようだが、儺負捕りの見世物化という現象を考える場合の一つの参考にはなるだろう。

(17) 前神主の田島仲康の「尾張大国霊神社記」によれば、明治八(一八七五)年の社務関係書類に、「両村より相競て願出候処、左右決しかたく候付、祠官神前おゐてくじをつくり」とあることから、この頃より儺負人として志願者を募ることになったのではないかという〔田島 一九八三 四一一頁〕。

(18) 近代の儺追祭では、儺負人を中心とした神事とともに、その年の当番の「奉賛会」による「大鏡餅」の奉納行事がメイン・イベントになっていることも付け加える必要があるだろう。これは昭和一五(一九四〇)年に国幣小社に列格された前後から盛んになり、中島郡内の持ち回りで奉納していたが、さらに昭和三〇(一九五五)年には、郡外からの奉納もできるようになったという〔田島 一九八三 四〇三頁〕。現在、大鏡餅は五〇俵どりの餅へと巨大化している。儺追祭の前日(旧一二月一二日)にこれを綺麗に飾り立てた上で、トラックに載せ、町内をパレードしながら神社の拝殿に奉納するのだ。その大掛かりな奉納行事に参詣者は大いに沸きあがる。

(19) この点については、人身御供譚の構造を、原初の供犠、すなわち「贖罪のいけにえ」の再認と否認のメカニズムとして論じる赤坂憲雄の議論が参考になるであろう。次章で詳しく論じるが、赤坂は「人身御供譚」がいずれも現在から隔絶した遠い異空間を舞台にし、しかも習俗の終焉にいたるプロセスを物語る形式を踏むのは、それが原初の供犠を再現(再認)しつつも、一方でそれを隠蔽(否定)しなければならないという逆説を孕んでいるからだという〔赤坂 一九八九 二一六～二一七頁〕。

(20) 本章のもとになった同名の論文は、『日本民俗学』二二〇号に発表し、第二〇回日本民俗学会研究奨励賞を受賞した。『日本民俗学』二二六号には、その審査内容が報告されているが、そこには本章のマイナス面として、次の点が指摘されている。「六車氏の論文の問題点も同様に、自分の議論を打ち出す意欲が強すぎることにある。この積極性はプラス面ばかりでなく、主観的な表現が目立ち『村人』からの視点が弱いというマイナス面もかかえこんでしまう結果となっている。今後、民俗学の一つの特色ともいえるフィールド資料を重視し、『生』の声や一次資料をさらに活用することを期待したい」。

この指摘された点は率直に反省している。確かに、本章では、近世の文書に頼りすぎて、近代・現代の祭がどのように行なわれているのか、そのフィールド調査による解明が多少なりともおろそかになってしまったことは否めない。この点を反省し、次章以降ではフィールド調査を重視して議論を進めていることをここに記しておきたい。

第二章

（1）犬の怪神退治譚の分析については、静岡県磐田市の矢奈比売神社（通称見付天神社）の事例を中心に試みられる吉川祐子の議論〔吉川 一九八三〕が参考になろう。また、この見付天神で行なわれる裸祭も、その祭のクライマックスの鬼踊りの起源として、「早太郎伝説」つまり「人身御供譚」が伝承されているが、祭のなかで奉仕する女性を人身御供に見立てるという所作が見られないことから、本章では、議論の対象にはしないことを予め断っておきたい。ただし、この見付天神の裸祭を人身御供譚を再現する祭だとする見方もあることを付け加えておかなければならない。例えば、新谷尚紀は、祭のなかでの神輿のかつぎ上げが伝説のなかでの人身御供の運搬と重ね合わされて語り伝えられているし、そして、暗闇のなかでのミシバオロシの榊立てが白羽の矢を、神輿の暗闇の疾走が人身御供の運搬と逃走をそれぞれ連想させるものであると指摘している〔新谷 二〇〇〇 一五五〜一五八頁〕。見付天神の裸祭については、こうした指摘を踏まえた上で、改めて考察する必要があろう。

（2）これは、神社の境内に掲示されていた祭の説明による。また、同様の説明はプリントされて、祭当日、一般の参詣者向けに社務所で配布されていた。

（3）戦後、宮座が崩壊する前は、祭の五日前に座員が社務所に集まって抽選で「当矢」一軒と「女郎家」（官女を出す家）七軒と世話役である「年行事」二名を決めていたというが〔岩井 一九八一 六七頁〕、野里が野里と姫里と歌島に分かれた現在は、三つの地区の持回りで「当矢」を選び、「官女」は三地区からそれぞれ希望者を募って奉仕してもらうようになっている。

（4）神社境内の本殿の裏手にある、「一夜官女の乙女塚」によっても、かつての「人身御供」の「記憶」は補強されている。この塚には現在小さな祠が祀られているが、ここは、かつて毎年「人身御供」となった娘が運ばれていたと言われる場所なのである。
（5）これは、一九九九年の私の調査によるが、昭和八（一九三三）年の『敦賀郡神社誌』にもほぼ同様の記載があることを付け加えておく。そこからも、やはり、祭に奉仕する少女は「人身御供」と呼ばれていたこと、そして祭そのものも「人身御供の遺習」と言われていたことがわかる。
（6）ちなみに、菅原によれば、この鏡と珍味珍果について、当時、人々は、「これが最后であるから自分の顔をよく見覚へておくように」ということで正面に鏡が置かれているし、「今生の名残りにと」ということで沢山の御馳走が盛られているのだと説明していたという〔菅原　一九五一　二一一頁〕。ここからも当時人々の間で、「仮女房」が「人身御供」としてイメージされていたことがわかる。
（7）西郷信綱のこの「活け飼い」説に対する疑問は終章で述べる。
（8）昭和七（一九三二）年の太田陸郎の報告では、「鱧切祭」では、「人身御供」を要求した大蛇を退治するという物語になぞらえて、大蛇に見立てた大きな鱧を鱧切役の氏子が俎板の上で、「厳然と一刀のもとに切断する」〔太田一九三二　二七頁〕とあるし、一九八九年の久下隆史の報告でも、「マナバシでハモをはさみ、裏かえして腹に庖丁をつき刺す」〔久下　一九八九〕とあるが、一九九九年の祭では、俎板の上の鱧に庖丁を入れる所作は行なわれず、鱧切役が鱧を大きく振りまわして裏返すことによって、大蛇の退治が表現されていた。
（9）また、『神道大辞典』によれば、『今昔物語集』でのイケニエ説話の舞台である中山神社でも、かつて神鹿祭と呼ばれるものがあり、そこでは鹿二頭を狩って供えていたという。
（10）人身御供譚における「性」と「食」との関係について、この他にも例えば、新谷尚紀は、人身御供譚あるいはそれに関わる祭の発生を、民俗儀礼のなかの成女式との関係で説明している。成女式とは、一二、三歳になった娘が、村の特定の老人や仮親などの一定の男性によって、「一人前の女性」にしてもらう処女破棄の通過儀礼であり、新谷は、そうした民俗儀礼が人を神の食べ物に差し出す人身御供譚を生み出す背景になっているのではないか、と言うのである〔新谷 二〇〇〇 一七二〜一八〇頁〕。この指摘はたいへん興味深いが、残念ながら、やはりここでも、なぜ処女破棄という性的な儀礼が、物語のなかでは神に喰われることとして描かれているのか、その性と食との関係は説明されていない。

(11)『摂津徴』に収められた神社の史料「岡司《おかし》神社古記」(永保元〔一〇八一〕年に記されたとされる)には、九月一一日の項目に、「以赤白両色帋貢其供物也」と記されているが、それが人形を象ったものであったのかどうかはわからない。

(12)毎年一〇月一〇日に行なわれる倭文神社の「蛇祭」については次章でさらに詳しく述べるが、祭では、五センチメートルくらいに切った餅を麦藁の束のまわりに刺し、大きな里芋(地元では「ドロイモ」と呼ばれる)のスライスに人の顔を描いてその上に乗せ、先端には五色の御幣を髪の毛の形に見立てて刺した人形の供物を一二個つくり、本殿と若宮、それから退治した蛇を祀ったとされる蛇塚社に供えている。この祭には、大蛇退治譚が由来譚として伝承されており、物語のなかで「人身御供」として供えられた子供の代わりとして、人形の供物を供えるとされている。

(13)毎年一月八日に行なわれる両社神社・酒井神社の「おこぼまつり」についても、詳しくは次章で紹介する。そこでの神饌そのものは人形ではないが、木の樽を白餅で包んだ上に人形を載せたもの(「オダイモク」と呼ばれる)を神前に供えている。そして、それは、昔、琵琶湖に住む龍神が両神社の間を流れる両社川を遡って捕りにきた「人身御供」の代わりだとされている。

(14)恩智神社の「御供所神事」の詳細も、次章を参照。この神事は、例祭(一一月二六日)で供える供物をつくる祭であるが、そこでは、「御供」と呼ばれる五種類の供物がつくられ、それらを組み合わせると昔の「人身御供」の代わりの「ヒトガタ」になるとされている。ただし、実際例祭で供える際には、五種類の「御供」がそれぞれ別々に高杯に盛られる。

第三章

(1) この「うんなん」という地名から、宮城県と岩手県南域、特に宮城県栗原郡および北上川中・下流域に比較的濃密に分布するという「ウンナン神信仰」が想起されよう。『日本民俗大辞典』(吉川弘文館)の説明によれば、ウンナン神は水路や水源の近くに祀られること、落雷伝説を伴っていること、本地を虚空蔵菩薩とし、鰻に関する食物禁忌があることなどの共通する伝承を伴っているという。また、ウンナン神信仰の発生と伝播の背景として、中世または近世における奥州の新田開発との関わりも指摘されている〔大石直正「東北中世村落の成立」〔大石 一九九〇〕、佐野賢治「鰻と虚空蔵信仰」〔佐野 一九九六〕〕。しかし、現在、葛ではこのウンナン神信仰についての伝承はまったく聞くことができないので、雲南堀とウンナン神信仰との関係は不明である。

(2) この点については、池上洵一が、『中山神社資料』の記述などから詳細に検討している〔池上 一九九九〕。

(3) 葛巻範夫さんのお話による。

(4) この農耕儀礼における狩猟の問題に関して、野本寛一の害獣駆除説もたいへん興味深い。愛知県、長野県、静岡県の三県をまたぐ三信遠地域の焼畑を中心とした農耕地帯には、農耕儀礼のなかで、模造獣を弓で射る狩猟の模擬儀礼が行なわれる。野本は、こうした儀礼には、害獣に悩まされ続けた焼畑農耕民の切実な祈りが込められていると指摘する。すなわち、鹿や猪など農作物を荒らす獣を捕獲、追放して豊作を祈願するとともに、日常的に摂取することが困難な動物性蛋白質としても害獣を捕獲することを彼らは切望していたのであり、そうした人々の願望が、農耕儀礼と狩猟儀礼とを密接に結びつける背景となったというのである〔野本 一九八四 五〇二〜五一二頁〕。動物を贄として供える祭の深層にある、野生獣に対する農耕民の複雑な感情を、野本は見事に言い当てていると言えよう。

(5) この点について、菊池勇夫は、南部地方(盛岡藩)を事例にして、天明の飢饉などで山野の鳥や獣を食べることについては何らの制限もタブーも存在していなかったと指摘している〔菊池 二〇〇〇〕。それは、南部地方では日常的に獣肉(鹿肉)が売られていたことや、また飢饉の際には、鹿肉が飢饉食として市に多く出回っていたことからも明らかだという。確かに、横川直胤の記した南部地方の飢饉の記録（『飢饉考』）にも、例年、寒中になると獣肉の市が出て、飢饉で鹿肉が不足すると馬肉を鹿肉と偽って売っていたなどの記事が見られる。したがって、南部地方の庶民の現実生活においては、獣肉が不可欠な食糧であったことは間違いない。しかし、それを即ち肉食禁忌の不在としてしまってよいのかどうかは疑問だ。むしろ問題なのは、現実生活と観念（理念）とのギャップにこそあるのではないか、と私は考えている。

東北地方における肉食禁忌や殺生罪業観の問題は、現実の生活と照らし合わせながらさらに慎重に検討する必要があるが、その際ポイントとなるのは、地域による相違とともに、狩猟や漁労を生業とする人々、稲作や畑作を生業とする人々、そして都市生活を営む人々など、生活のスタイルや立場による肉食に対する対応の違いを明らかにすることではないかと思う。この問題は、私にとって今後の重要な課題になろう。

（6）この点については、千葉徳爾の指摘が参考になるのではないかと考えている。千葉によれば、諏訪神社が全国的に祀られるようになったことが、ただちに、民間とくに山中の猟師の間にまで、諏訪の勘文とそれにまつわる畜生済度の教義が普及したことにはならないという。というのも、諏訪神の勧請を促したのは諏訪の神人であり、彼らは主として武士階級をその対象としていたのに対し、一方で、諏訪の勘文を説いたのは、その唱えごとの形態からみても、修験の徒か僧衣をまとった階層に属した者であったと考えられるからだというのである〔千葉 一九六九〕。こうした指摘にしたがえば、中世の葛氏によって創建されたという社伝のある葛の諏訪神社に、殺生を合理化する論理が伝えられていなかったということも頷けよう。

（7）葛の諏訪神社近くの「御前沼」について、次のような由来が伝えられている。

ある年旱魃が続いて田植ができず困っていたら、諏訪大明神が二十尋余りの大蛇の姿となって現われ、天に昇りそして池に潜っていった。すると、たちまちその池より大水が湧きだしてきて、田植も無事に行なうことができた。今もある御前沼がその池である、というものである（「諏訪神社由緒書き」『花巻市史』所収）。

ここには、まさに、諏訪神に対する農耕神としての期待が如実に表われていると言えるだろう。

第四章

（1）戦前は、一一月下の卯と辰の日に行なわれていたため、「卯辰祭」とも呼ばれている〔岩井編　一九八一　二〇六頁〕。

（2）この他にも、箸や汁、飯などの御膳を土で象った「土御供」「花御供」が供えられる。

（3）大蛇を退治したのが弘法大師ではなく、理源大師であるというような多少の違いはあるが、現在でもこれとほぼ同じ物語が伝承されていて、蛇塚社も境内に祀られている。

（4）この梵音堂町にある酒井神社の旧社地は、一二月二一日に行なわれる「まいどこ神事」の御旅所となっている。

（5）大津市文化財調査報告書によれば、以前は、一月六日の餅搗きでは餅搗き歌を歌ったり、試味といって、餅搗きの後一同が座敷に集まって搗いた餅を賞味し、その餅のでき具合で農作を占っていたようだが〔大津市教育委員会文化財保護課　一九七五　一六～一七頁〕、現在では、餅は電気釜で搗かれ、そのような風習もなくなったようだ。

（6）この宮座の「村」という呼び方は、地域区分としての村とは関係なく、その各座の構成員は、下笠町内の各小字に分散している。したがって、ここでの座は、擬制的血縁関係による同族組織がいくつか集まってつくられたのではないかと考えられている〔草津市史編纂委員会編　一九八四〕。

（7）『日本の祭』において、柳田国男は、「神に上げたものと同じ食物を、末座においてともどもにたまわるのが、直会であった」〔柳田　一九四二　三〇〇頁〕と述べ、日本の祭における神人共食の重要性を指摘しているが、ここ老杉神社のオコナイでは、そうした祭の重要な要素であった直会の形が現在でも引き継がれていると言える。

（8）恩智神社では、御供所神事で神饌の調整を担う「御供所の家」とは別に、宮座組織があり、年三回の祭に携わっていたという〔岩井編　一九八一　二一三頁〕。だが、「御供所の家」が、一三軒の村の旧家からなる世襲の組織であることからすれば、これもまた特権的に祭を担う宮座的な組織だと言っていいだろう。

(9) 実際には、少女は小さいため、「御供《ごく》昇衆《かきしゅう》」と呼ばれる四人の男性奉仕者が、少女の頭の上でお櫃を担ぐ。

(10) 岡太神社境内の説明書きによる。

終章

(1) この「生贄」と「人身御供」また「人柱」の用語上の関係については、吉田比呂子の「宗教的・儀礼的性格を持つ解釈用語の問題——生贄・身代わり・人身御供・人柱」〔吉田 二〇〇〇〕に詳しい。

(2) したがって、本稿では、アイヌのイオマンテについては取り上げないが、このイオマンテについて全く別の文脈で理解する中路正恒の議論についてはふれておきたい。イオマンテで殺される熊は、たいていの場合、アイヌの猟師が母熊を狩ったときに遺された仔熊であるという。中路は、仔熊を一定期間育てて殺すというイオマンテの深層に、仔を遺して死んでしまった母熊のかなしみへのアイヌの人々の深い理解をよみとる。中路は、こう述べる。

「アイヌの人々は、その母熊のかなしみを深く理解しているのではないだろうか。それゆえにこそ、この仔をこの上なく丁重に育て、そしてある時、母親のもとに送り返すのではないだろうか。母親に、ぼく人間たちに育ててもらったけど、とってもやさしく、大事にしてくれたよ。あの時、まだ何も分からない時にわかれわかれになってしまったけれど、ぼく、ほんとうに大丈夫だったのだから。そして今お母さんのところへ送り返してくれたよ。そしてこんなにおみやげまでくれたよ、と、こんな風に伝えてもらうために。」〔中路 二〇〇〇 三〇七頁〕

熊と人と、かなしみを共有する場にこそ、イオマンテは行なわれる。この中路の理解は、私が本書でキーワードにしてきた暴力という問題を、一面では補い、また一面では相対化するものではないか、と考えている。

(3) こうした王権（天皇）と稲作農耕との関係、そして供犠や肉食とが排除されていく問題については既に何度か引用した原田信男の『歴史のなかの米と肉』〔原田 一九九三〕を参照されたい。

（4）原田信男は、宇野円空の『マライシアに於ける稲米儀礼』のなかの事例を分析しながら、古代日本において動物供犠が盛んに行なわれていた可能性を指摘している〔原田　二〇〇〇〕。

（5）首狩り習俗については、合田濤が『首狩りと言霊』のなかで、フィリピンのルソン島北部のボントック族について論じている。ここでも、発行時の一九八九年から遡って過去一五年間に少なくとも六件の首狩りが確認されているという。ただし、合田は、首狩りそのものの報告も分析もしていない。合田は、部分的な説明しかできない従来の解釈枠組みの限界を指摘した上で、むしろボントック族の親族制度と宗教儀礼を分析することによって、彼らの世界観の根源に首狩りの観念が位置していることを議論しようとしている。宗教儀礼に関していえば、合田は、「いかなる動物供犠も、ボントック族にとっては首狩りの象徴的な表現である」とし、なかでも水牛は人間と比喩的に等しいものと考えられていると指摘する。したがって、人の死や婚姻の際に行なわれる水牛の供犠は象徴的な首狩りであって、外部からもたらされる危険から共同体を守るために実修されるのだというのである〔合田　一九八九〕。

　しかし、こうした解釈が、合田の意図に反して従来の人類学的供犠理解の範疇を出ていないことは否めない。本章で初めに論じたように、供犠の問題は人類学におけるような外部／内部の分節では理解し得ないと私は考えている。また、合田は、動物供犠を儀礼的首狩りだとして象徴論的に解釈することによって、首狩りのもつ暴力性も、また動物供犠の暴力性も議論から捨象してしまっているのである。まさに、これは、春日直樹のいう「毒抜き」に他ならないのではないだろうか。

（6）中村生雄は、神人共食が祭で重要視される文化を「食べる文化」、犠牲を殺すことに重点が置かれる文化を「殺す文化」として、両者の文化的な相違を明らかにしている。中村によれば、「殺す文化」は、神を絶対神として想像し、神と人とが隔絶した関係としてとらえられる牧畜社会に特徴的であるのに対して、「食べる文化」は、自然を介して神と人とがなだらかに連続している関係としてとらえられている農耕社会の特徴であるという〔中村　二〇〇一　七三～八一頁〕。祭における犠牲の扱いが、風土や生業を背景にして想像された神と人との関係によって異なるとするこの指摘はたいへん興味深い。

（7）では、人のイケニエの場合もまた、祭のなかで人々に食べられるのだろうか。実は、私は、この点に関してまだ明瞭な答えを出せずにいる。というのも、先ほども述べたように、雲南の首狩り儀礼でもイケニエとされる人は基本的には食べられなかったというし、また、最近日本で公開されたインカ帝国時代の少女のミイラなど、イケニエと考えられる考古学的遺物が発見されているが、そこにも人が喰った痕跡は残っていないからである。イケニエを食べることによって、神と一体化するという観念が共有されていたとすれば、原理的には、人のイケニエも人々の食の対象となったことは十分に考えられるが、今の段階ではこの問題への答えは保留せざるをえない。

（8）農耕社会についての私のこのような理解は、山折哲雄の「殺生の快楽」に大きな示唆を受けている。山折は、狩猟民文化と農耕民文化との間には絶対の亀裂が走っているという。それは、動物と人間との関係である。山折は、狩猟民は、人間が動物とともに食物連鎖の環のなかに組み込まれているということを常に自覚し、それを宿命として背負っているが、その食物連鎖の環から人間だけを脱出させようとしたのが農耕民だったと指摘する。そこに、人間は動物を食べることはできるが、しかし動物は人間を食べてはいけないという人間中心主義のイデオロギーが誕生したというのである。さらに山折は、「快楽」という言葉をキーワードに狩猟民と動物との関係をこう説明する。

「その狩猟民たちにとっての唯一絶対の人生上の掟が動物たちを殺して食べる快楽を手にすると同時に、その動物たちによって自分も殺されて食われるかもしれないことを覚悟するという生き方だったにちがいない。動物たちとのあいだの、喰うか喰われるかの対等の関係に立つということだった。まさに不安と恍惚の関係としかいいようのない『快楽』の関係だったのだと思う。」〔山折 二〇〇〇 三四九頁〕

狩猟民たちは、喰うか喰われるか、動物にまさに対峙したときのそのギリギリの緊張関係のなかで「殺生の快楽」を感じていたというのだ。とすれば、動物から喰われることも、そして自分たちが動物を直接殺すことからも遠く隔たってしまった日本の農耕社会の祭で繰り返し語られてきた人身御供譚とは、やはり、暴力性の喚起であるとともに、喰う／喰われるというギリギリの緊張感のなかで生まれる快楽を人々の身体に呼び覚ますものだった、と言えよう。
（9）本論では残念ながら触れることができなかったが、三浦佑之は「イケニヘ譚の発生」〔三浦　一九九八〕のなかで、イケニエと農耕との関係について興味深い指摘をしている。三浦によれば、人身御供譚やイケニエ儀礼は稲作農耕の始まりとともに発生したという。すなわち、稲作は自然と対立し自然を破壊することによって成り立つ生産形態であり、したがって、そこには神への侵犯という根源的なタブーが抱え込まれている。祭の場で、神のもっとも喜ぶ捧げ物として準備されるイケニエは、人の側が農耕の始まりとともに抱え込んだ〈負い目〉への代償だった。神話では、もっとも高価な代償として選ばれた娘がイケニエとして捧げられることになったのであり、娘たちの神の嫁から神のご馳走への変貌は、狩猟採集から農耕への過渡において生じたのだ、というのである。
狩猟採集文化と農耕文化との間にある、自然（神）と人との関係のあり方の相違に目をむけた三浦のこのイケニエ論は、私がここで行なってきた議論とつながるところがある。ただし、三浦の論と異なるのは、私が農耕文化を自然と対決する文化とはとらえていない点である。繰り返しになるが、私は、農耕社会は、自然（動物）との直接的対峙（喰う／喰われるという相互的な関係）を回避する傾向にあると考える。だからこそ、祭のなかでイケニエを劇的に殺し、喰いつくすことによって、自然との原初的な関係を回復しようと試みているように思える。日本の農耕社会は、祭からも暴力を排除してしまった。人身御供の語りはそうしたところに意味をもってくるのである。
（10）山形で、自らも農業を営みながら、詩を詠み、芸術運動に関わり、また現代文明に対する実践的な批判をしてきた野の思想家・真壁仁は、「賢治と飢餓の風土」で、宮沢賢治と東北風土との関係について深い洞察をしている。賢治が幻想的な童話世界を描きだし、イーハトーブという理想郷、楽しいドリームランドを東北岩手に見ようとしたのは、厳しい飢餓の風土であるという認識とそれに対する自分の無力さを感じていたからこそであり、だから賢治は、この苛烈な風景を裏返しにしようとしたのではないか、というのである。真壁は、「賢治の詩がかげりの深いものになっていくのも、当時の農民農村のおかれた現実を背景として見るのでなければ、ほんとうにはわか飢饉の記憶の掘り起こしなくしては、りえない」〔真壁 一九九五 一五四頁〕と言う。賢治についてだけではない。実は東北について何も知りえない、と東北の人・真壁仁は訴えているようにも思える。

引用・参考文献

赤坂憲雄　一九八九　『境界の発生』砂子屋書房
——　一九九四　『柳田国男の読み方』ちくま新書
アレンズ、ウィリアム　一九八二（一九七九）『人喰いの神話』（折島正司訳）岩波書店
飯島吉晴　二〇〇一　『一つ目小僧と瓢箪』新曜社
池上洵一　一九九九　『新版今昔物語集の世界』以文社
伊藤ていじ　一九七三　『城――築城と技法の歴史』読売新聞社
伊藤幹治　一九九五　『贈与交換の人類学』筑摩書房
今村仁司　一九八二　『暴力のオントロギー』勁草書房
——　一九九二　『排除の構造』ちくま学芸文庫
入江英弥　一九九六　「尾張国総社　尾張大国霊神社考」『目白学園女子短期大学研究紀要』三三号
岩井宏実編　一九八一　『神饌――神と人との饗宴』同朋舎出版
内川芳美　一九八九　「大正末期の新聞」『大正ニュース事典』第七巻　毎日コミュニケーションズ
上井久義・上井輝代　一九六九　『日本民俗の源流』創元社
上井久義　一九七三　『民俗社会人類学』創元社
宇野円空　一九四一　『マライシアに於ける稲米儀礼』東洋文庫論叢二八（日光書院にて再版）
エヴァンズ＝プリチャード、E・E　一九九五（一九五六）『ヌアー族の宗教』上下（向井元子訳）平凡社ライブ

ラリー

大石直正　一九九〇　「東北中世村落の成立」（羽下徳彦編『北日本中世史の研究』吉川弘文館）

大津市教育委員会文化財保護課　一九七五　『大津市文化財調査報告書4　おこぼまつり』大津市教育委員会

太田陸郎　一九三二　「丹波沢田八幡軆切祭」『兵庫県民俗資料』第一輯　兵庫県民俗学研究会

大林太良　一九九一　『北方の民族と文化』山川出版社

小熊英二　一九九五　『単一民族神話の起源』新曜社

岡部隆志・遠藤耕太郎　二〇〇一　「中国雲南省小涼山イ族の『松明祭り』——起源神話および『イチヒェ儀礼』」『共立女子短期大学文科紀要』四四号

折口信夫　一九二四ａ　「最古日本の女性生活の根柢」（『折口信夫全集』第二巻　中公文庫）

――――　一九二四ｂ　「信太妻の話」（『折口信夫全集』第二巻　中公文庫）

――――　一九二七　「国文学の発生」（『折口信夫全集』第一巻　中公文庫）

春日直樹　一九九八　「食人と他者理解——宣教師のみたフィジー人」田中雅一編『暴力の文化人類学』京都大学出版会

加藤玄智　一九一一　「宗教学と仏教史」『仏教史学』第一編第二号・第三号

――――　一九二五　「尾張国府宮の直会祭を中心として見たる人身御供及び人柱」『中央史壇』第一一巻第二号

神野善治　一九九六　『人形道祖神——境界神の原像』白水社

川野和昭　二〇〇〇　「奄美・沖縄とラオス・タイ北部の少数民族の動物供犠」『黎明館調査研究報告』第一三集　鹿児島県歴史資料センター黎明館

金井典美　一九八二　『諏訪信仰史』名著出版

菊池勇夫　二〇〇〇　『飢饉』集英社新書

喜田貞吉　一九二二　「人身御供」『民族と歴史』第七巻第四号・第五号
――　一九二五　「人身御供と人柱」『中央史壇』第一一巻第二号
久下隆史　一九八九　『村落祭祀と芸能』名著出版
草津市史編纂委員会編　一九八四　『草津市史』草津市
工藤　隆　二〇〇二　『中国少数民族と日本文化』勉誠出版
礫川全次編　一九九七　『人喰いの民俗学』（『歴史民俗学資料叢書』二）批評社
――　一九九八　『生贄と人柱の民俗学』（『歴史民俗学資料叢書』五）批評社
合田　濤　一九八九　『首狩りと言霊』弘文堂
後藤守一　一九二五　「上代に於ける殉葬の風について」『中央史壇』第一一巻第二号
小松和彦　一九八七　『説話の宇宙』人文書院
小松和彦編　二〇〇一　『異人・生贄』（『怪異の民俗学』七）河出書房新社
コルバン、アラン　一九九七〔一九九〇〕『人喰いの村』（石井洋二郎ほか訳）藤原書店
西郷信綱　一九七七　『神話と国家――古代論集』平凡社
佐藤新市郎　一九八一　「大山祭今昔」『月刊庄内散歩』七　東北出版会
佐野賢治　一九九六　『虚空蔵菩薩信仰の研究』吉川弘文館
島田潔・茂木栄　一九九一　『「国府宮裸まつり」構成の持続と変化』国学院大学日本文化研究所
白井光太郎　一九二六　「モールス先生と其の講演」『人類学雑誌』第四一巻第二号
ジラール、ルネ　一九八二〔一九七二〕『暴力と聖なるもの』（古田幸男訳）法政大学出版局
新谷尚紀　二〇〇〇　『神々の原像』吉川弘文館
菅江真澄　一九七一〔一七八五〕「そとがはまかぜ」『菅江真澄全集』第一巻　未来社
菅原兵明　一九五一　「大山犬祭の一考察――特に行列とメッカといふ言葉を中心として」『庄内民俗』第一号

鈴木　尚　一九六〇『骨』学生社
高木敏雄　一九一三「人身御供論」(『人身御供論』宝文館出版　一九九〇年再録)
高橋統一　一九七八『宮座の構造と変化』未来社
―――　一九八四「祭りと宮座」『日本民俗文化大系』八　小学館
高橋梵仙編　一九六九『飢饉考』上下　大東文化大学東洋研究所
高山　純　一九七二「我国の人柱に関する民間信仰の起源についての比較民族学的研究」『民族学研究』第三七巻第二号
田島仲康　一九八三「尾張大国霊神社記」(『新修稲沢市史』研究編社会生活上　稲沢市史編纂室)
田中雅一　二〇〇二『供犠世界の変貌――南アジアの歴史人類学』法蔵館
田辺繁治　一九九八「儀礼的暴力とその身体的基礎――北タイの供犠と憑依について」田中雅一編『暴力の文化人類学』京都大学出版会
千葉徳爾　一九六九『狩猟伝承研究』風間書房
―――　一九九二「日本の狩猟者とその行動――とくに農耕とのかかわりについて」小山修三編『狩猟と漁労』雄山閣
中央史壇編集部　一九二五「二重櫓下人骨に絡はる経緯」『中央史壇』第一一巻第二号
坪井正五郎　一八九五「コロボックル風俗考」(『坪井正五郎集』上巻　築地書館)
寺石正路　一八八八「食人風習ニ就テ述ブ」『東京人類学会雑誌』第四巻第四三号
冨山一郎　一九九四「国民の誕生と『日本人種』」『思想』第八四五号
鳥居龍蔵　一八九九「常陸吹上貝塚より発見の人類大腿骨に就て」『東京人類学会雑誌』第一四巻一五六号
鳥越憲三郎　一九九五『稲作儀礼と首狩り』雄山閣出版
内藤正敏　一九九九『日本のミイラ信仰』法蔵館

中澤克昭　一九九九　『中世の武力と城郭』吉川弘文館
中沢新一　一九九二　『森のバロック』せりか書房
中路正恒　二〇〇〇　「けものとひとと」赤坂憲雄編『東北学』三号
中島陽一郎　一九九六　『飢饉日本史』（新装版）雄山閣出版
中野美代子　一九八七　『カニバリズム論』福武書店
永松　敦　一九九三　『狩猟民俗と修験道』白水社
中村生雄　一九九四　『日本の神と王権』法蔵館
――　二〇〇一　『祭祀と供犠』法蔵館
中山太郎　一九二五　「人身御供の資料としての『おなり女』伝説」『中央史壇』第一一巻第二号
奈良市史編集審議会　一九六八　『奈良市史（民俗編）』吉川弘文館
野本寛一　一九八四　『焼畑民俗文化論』雄山閣
花巻市教育委員会編　一九八一　『花巻市史』第二巻　国書刊行会
原田信男　一九九三　『歴史のなかの米と肉――食物と天皇・差別』平凡社
――　二〇〇〇　「古代日本の動物供犠と殺生禁断」『東北学』第三号
肥後和男　一九四一　『宮座の研究』弘文堂
兵庫県神職会　一九三七　『兵庫県神社誌』上巻
平林章仁　二〇〇〇　『三輪山の古代史』白水社
福井県神職会敦賀郡支部　一九三三　『敦賀郡神社誌』
藤木久志　一九九八　『戦国の作法』平凡社ライブラリー
真壁　仁　一九九五　『修羅の渚』法政大学出版局
松井章・神谷正弘　一九九四　「古代の朝鮮半島および日本列島における馬の殉殺について」『考古学雑誌』第八〇

松居竜五　一九九七　「南方熊楠の食人論」『文学』第八号
巻第一号
松村武雄　一九三〇　「外者款待と説話」『民俗学論考』大岡山書店
三浦佑之　一九八七　『村落伝承論』五柳書院
――　一九九八　『神話と歴史叙述』若草書房
南方熊楠　一九〇三　「日本の記録に見る食人の形跡」（松居竜五訳）『文学』第八号
――　一九二五　「人柱の話」（『南方熊楠全集』第二巻　平凡社）
宮田　登　一九七五　「献身のフォルク」『献身』弘文堂
宮野目農業発達史編集委員会編　一九八七　『宮野目農業発達史（耕地整理編）』宮野目農業協同組合
六車由実　一九九四　「『稲魂論』再考――『食べる』という視点の重要性」『静岡県民俗学会誌』第一四号
――　一九九五　「民俗の中の『米』と『肉』――『生業複合文化論』の再検討のために」『日本民俗学』第二〇二号
――　一九九六　「柳田民俗学における『自己』と『他者』――『米』と『肉』の対照性をめぐって」『日本思想史学』第二八号
――　一九九七　「それでもなお私たちが『柳田』を論じるのはなぜか？――柳田のイデオロギー批判に対する一つのリアクションとして」『「柳田国男の会」報告集』三
――　一九九八　『海上の道』はなぜ書かれたのか――『固有信仰』論前後の柳田国男」『日本学報』第一七号
――　一九九九　「『人身御供』と祭――尾張大国霊神社の儺追祭をモデルケースにして」『日本民俗学』第二二〇号
――　二〇〇〇ａ　「『人身御供』祭祀論序説――『食』と『性』、そして『暴力』」『日本学報』第一九号

―――― 二〇〇〇b 「人身御供と殺生罪業観」赤坂憲雄編『東北学』第三号
―――― 二〇〇〇c 「人形御供を通してみる日本の稲作祭祀における食物の役割」『一九九九年度食文化研究助成成果報告書』味の素食の文化センター
―――― 二〇〇一 「日本の祭にみる肉食禁忌の問題」『Vesta』第四三号 味の素食の文化センター
モース、E・S 一八七九a "Shell Mounds of Omori," *Memoirs of Science Department, University of Tokio Japan*, vol.1（『大森貝塚』近藤義郎・佐原真編訳 岩波書店）
―――― 一八七九b "Traces of an early race in Japan," *The Popular Science Monthly*, vol.14（『大森貝塚』近藤義郎・佐原真編訳 岩波書店）
モース、マルセル／ユベール、アンリ 一九八三〔一八九九〕『供犠』（小関藤一郎訳）法政大学出版局
柳田国男 一九一一 「掛神の信仰について」（『柳田国男全集』第五巻 ちくま文庫）
―――― 一九一三 「巫女考」（『柳田国男全集』第一一巻 ちくま文庫）
―――― 一九一七a 「一目小僧」（『柳田国男全集』第六巻 ちくま文庫）
―――― 一九一七b 「玉依姫考」（『柳田国男全集』第一一巻 ちくま文庫）
―――― 一九一八 「農に関する土俗」（『柳田国男全集』第二七巻 ちくま文庫）
―――― 一九二七a 「人柱と松浦佐用媛」（『柳田国男全集』第一一巻 ちくま文庫）
―――― 一九二七b 「鹿の耳」（『柳田国男全集』第六巻 ちくま文庫）
―――― 一九三四 「神送りと人形」（『柳田国男全集』第一六巻 ちくま文庫）
―――― 一九四二 『日本の祭』（『柳田国男全集』第一三巻 ちくま文庫）
山折哲雄 二〇〇〇 「殺生の快楽」赤坂憲雄編『東北学』第三号
山路興造 一九八八 「修正会の変容と地方伝播」守屋毅編『大系 仏教と日本人』第七巻 春秋社
山下文男 二〇〇一 『昭和東北大凶作』無明舎出版

山本武利　一九九四　「マスメディア論」『岩波講座日本通史』一八　岩波書店
吉岡郁夫　一九八七　『日本人種論争の幕開け』共立出版
吉川祐子　一九八三　「矢奈比売神社の信仰と芸能」『静岡県民俗学会誌』第六号
吉田比呂子　二〇〇〇　「宗教的・儀礼的性格を持つ解釈用語の問題点――生贄・身代わり・人身御供・人柱」国語語彙史研究会編『国語語彙史の研究』一九　和泉書院
レヴィ＝ストロース、クロード　一九七六〔一九六二〕『野生の思考』（大橋保夫訳）みすず書房
若尾五雄　一九八五　『金属、鬼、人柱その他』堺屋図書

【第一章の史料の出典】

『尾張大国霊神社史料』　一九七七年　尾張大国霊神社
「岩田家古文書写」「惣社参詣記」「国府宮祭記」「国府宮社記」「国府宮神記」「国府宮儺追祭雑稿誌」「儺追神事覚書」「儺負人捕書付」「儺追由縁神事次第」
『新修稲沢市史』資料編五　地誌下　一九八八年　稲沢市史編纂室
「蓬州旧勝録」
『新修稲沢市史』資料編九　近世寺社下　一九八五年　稲沢市史編纂室
「当宮儺負神斎留書」「難負者土餅歳々留帳」
『神道叢説』　一九一一年　国書刊行会
「神家常談」「吉見宅地書庫記」
『神道大系』神社編一五　一九八八年　神道大系編纂会
「儺追問答」
『名古屋叢書三編』第二巻　一九八七年　名古屋市教育委員会

「尾藩世記」
『日本随筆大成』〈第二期〉二四　一九七四年　日本随筆大成編輯部
「諸国里人談」
『日本随筆大成』〈第三期〉一七　一九七七年　日本随筆大成編輯部
「塩尻」
『日本名所風俗図会』第六巻　一九八四年　角川書店
「尾張名所図会」

あとがき

先日、『豚の報い』で芥川賞を受賞した又吉栄喜の小説『人骨展示館』を読んだ。タイトルからして奇抜であり、一見するとオカルト小説のようにも思われるが、実は、ユーモアと皮肉たっぷりに人骨をめぐる人間模様を描いた喜劇小説である。ストーリーはこうだ。

沖縄のあるグスク（城）の石垣の下から、一二世紀ごろにグスク普請のために人柱として埋められたと考えられる人骨が発見された。人骨の主は二〇代半ばの未婚の女性であり、しかも、両手両足を曲げてきつくしばった状態で埋められていたことがわかったのである。この人柱の人骨に、さまざまな人間がかかわっていく。人骨を研究資料としてしか関心をもたない科学信奉の考古学者、人骨を自分の祖先だと信じ、人骨展示館にお祀りしようとする沖縄人女性、沖縄戦の犠牲者だと主張する平和活動家など、いろいろだ。主人公の青年は、この人柱の人骨をめぐる人々のグロテスクな争いに翻弄された挙句、不気味に、また神々しく輝く人骨の復元像とともに人骨展示館にたったひとり取り残されてしまう……

『豚の報い』のときもそうだが、沖縄という土地での人と人との間にある、むせかえるような密度と湿度のきわめて濃い独特な空気を、又吉は実に絶妙に表現している。と、感心しながら、一方で、おそらく、浦添グスクから人柱と思われる女性の人骨が発見された一九八〇年代の実際の事件をモデルにしたであろうこの小説が、なんとなく、人柱のような暴力的で理解不能なものをいまだに扱いかねているアカデミズムの体たらくを風刺しているように思えてきて、読みながら冷や汗が出てきた。

特に、非科学的な迷信や信仰が大嫌いな若い考古学者の琴乃が、人骨を拝みたいとか、祖先を顕彰するために人骨展示館をつくりたいから人骨のレプリカをつくらせてくれといった申し入れに辟易して言い放った言葉は強烈である。

「この人骨は拝む対象じゃないのよ。研究の対象よ。骨よ。物理的な。」

そうか、行き着くところは「もの」か。学問の一定の枠組みに当てはめて、人柱とか人身御供とかいった問題を合理的に説明しようとすると、毒気や臭気を完全に抜き取られた無機質な「もの」になってしまうのだ。

本書の「はじめに」で私は、従来の民俗学や文化人類学における供犠や生贄についての研究を批判し、本書は「毒抜き」論を克服するための試論である、と大口をたたいたけれど、いったいその試みはどこまで成功しているだろうか。もしかしたら、結局、私もまた、人身御供という問題を「もの」としてしか扱ってこなかったんじゃないか、そんな一抹の不安が頭をよぎる。その評価は読者にゆだね、ご批判は謙虚に受けとめたいと思う。

本書は、二〇〇一年一二月に大阪大学大学院文学研究科の博士論文（「人身御供祭祀論」）として提出し、受理されたものをもとに構成されている。人身御供というテーマを見つけてから、それを博士論文にまとめあげるのに、予想以上に時間を要し、また、何度かの挫折とスランプを経験した。その間、さまざまな方にお世話になった。

特に、大阪大学大学院で指導教官を引き受けていただいた中村生雄先生は、時に厳しく叱りつけ、時に優しく励まして、私の幼い研究への志に根気強く付きあい、刺激を与え続けてくださった。中村先生には、実は、静岡県立大学の学部生時代からお世話になってきた。今思えば、その学部時代に参加した中村ゼミで、先生が私たちに常に問いかけていた、学問を通して己れに内発する問題にいかに向き合っていくかというテーマが、現在の私の問題関心や研究スタイルのいちばんの基礎になっているように思える。私を研究の道へと導いてくれた中村先生には、深く感謝の意を述べたい。

また、既に現在で一一回を重ね、初回から毎回参加させていただいた「供犠論研究会」でも、私の不十分な議論に対して、メンバーのみなさんにはいつも適切なアドバイスとご指導をいただいた。供犠論研究会は、中村先生ほか、三浦佑之氏、赤坂憲雄氏、原田信男氏といった、宗教学、民俗学、考古学、歴史学、哲学、文学などの各分野の一線で活躍する研究者が集まって、日本をはじめとするアジア文化のなかでの供犠の問題について毎回夜中まで闊達に論じ合う、とても刺激的な研究の場である。その研究会において、私はどれだけの刺激と影響を受け、また勇気づけられたかわからない。

それから、博士論文執筆の半ばで、東北という全く新しい環境のなかに飛び込む機会が得られたことも、私にはとても幸運だった。二〇〇一年四月から私は、山形市内にある東北芸術工科大学東北文化研究センターに研究員として勤務し始めた。それまで東北に馴染みは薄かったのだが、センターで任された学生との民俗映像の制作や共同調査などを通して、少しずつ東北への関心が広がっていき、東北という場所から日本やアジアの姿を眺めなおしてみることの面白さを知ったのである。論文執筆に行き詰りながらも、何とか博士論文を最後まで書き上げられたのは、そうした環境の変化による視野の広がりがあったからではないかと今改めて思う。

こうした恵まれた環境を与えてくださった徳山詳直理事長や所長の赤坂憲雄氏、仕事や研究についていつも助言や励ましをいただいているセンター研究員や事務スタッフの方々には、心から感謝したい。

また、博士論文の試問の際に、私の論の問題点を厳しく指摘してくださった川村邦光氏、冨山一郎氏、静岡からわざわざ試問にかけつけてくださった八木公生氏、私の研究者としての成長をあたたかく見守っていてくださる野本寛一氏、山折哲雄氏、その他、調査や研究の過程でお世話になった多くの方々にも感謝を申し上げる。

最後になったが、本書の出版に際して、新曜社の渦岡謙一氏には大変お世話になった。また出版事情の悪いこの時期に、海のものとも山のものともわからない一若手研究者の博士論文を引き受けていただいた新曜社社長の堀江洪氏にも感謝する。堀江氏には、本書のタイトルについてなかなかよい案が浮かばずに苦労していた時に、「神、人を喰う」という魅力的なタイトルも提案していただいた。最初はその奇抜さにぎょっとしたが、いまでは本書の主張をもっとも的確に表現していると思えてとても気に入っている。両氏に深謝申し上げる。

そして、娘の幸せを常に願い、陰ながら私の研究活動を応援してくれている両親と姉に、本書とともに「ありがとう」という言葉を贈りたい。

二〇〇三年一月

雪凍る山形の地にて

六車由実

初出一覧

本論文の各章と既発表論文との対応関係は次のとおりであるが、各章とも必要な加筆訂正を行なっている。

はじめに　「日本の祭にみる肉食禁忌の問題」『Vesta』四三号、味の素食の文化センター　二〇〇一年の一部を利用

序　章　書き下ろし

第一章　「人身御供の祭」という語りと暴力　「『人身御供』と祭——尾張大国霊神社の儺追祭をモデルケースにして」『日本民俗学』第二二〇号　一九九九年（第二〇回日本民俗学会研究奨励賞受賞）

第二章　祭における「性」と「食」　「『人身御供』祭祀論序説——『食』と『性』、そして『暴力』」『日本学報』第一九号　二〇〇〇年

第三章　人身御供と殺生罪業観　「人身御供と殺生罪業観」赤坂憲雄編『東北学』第三号　二〇〇〇年

第四章　人形御供と稲作農耕　「人形御供を通してみる日本の稲作祭祀における食物の役割」『一九九九年度食文化研究助成成果報告書』味の素食の文化センター　二〇〇〇年

終　章　人柱・人身御供・イケニエ　「人柱・人身御供・イケニエ」『東北芸術工科大学東北文化研究センター紀要』創刊号　二〇〇二年

おわりに　書き下ろし

放生会　219

ま　行

まいどこ神事　249
真壁仁　253,254
松井章　44
松居竜五　55,241
松村武雄　225,226
まつら長者　209,210,213,214
真野時綱　73-77,79
茨田の人柱　52,78,107
三浦佑之　152,253
御狩神事　155,196,198
南方熊楠　47,48,54,55,60,241
宮座(祭祀)　143,144,174,177,179,187-190,193,195,196,226,244,249,250
宮沢賢治　253
茂木栄　57,240,241
モース,E.S.　28-34
モース,マルセル　15,227

や　行

柳田国男　17-20,22,25-28,33-35,43,46-48,55,56,58,75,76,108,117,118,130,167,168,185,191,219,220,225,227,238,249
矢奈比売神社(磐田市)　244
山折哲雄　252
山路興造　240
山下文男　235
ヤマタノオロチ　55,60,64,181
山の神祭り　181
ユベール,アンリ　15,227
横川直胤　234,248
吉川祐子　244
吉田比呂子　250
吉見恒幸　63,88
吉見幸和　80,81,90
吉見幸勝　75
ヨリマシ　117-119,121,125,126,128,132,134-137,140,142,191,194,195

ら・わ　行

両社神社(大津市坂本)　134,175,176,182,193,246
レヴィ=ストロース,C.　204,207
鷲尾順敬　39

高山彦九郎　158
田島仲康　68,69,99,100,240,241,243
祟り神　130,140-142,144,145
田中雅一　238
田辺繁治　16,17
タマヨリヒメ(玉依姫)　27,117,131,177
近松茂矩　81,82,242
近松門左衛門　213
千葉徳爾　155,162,248
坪井正五郎　32,34
寺石正路　30,31
天満宮(京都市北白川)　116
動物供犠　16,17,42,196-198,200,201,223,251
頭屋儀礼　117-119,122,125,190-192,195,196
冨山一郎　33
鳥居龍蔵　32-34
鳥越憲三郎　224

な　行

儺追祭　50-102,103-106,109,111,112,137,145,203,240-243
儺負人　50,52,55,63-72,78,80,82,88-102,104,106,109,240-243
直会祭　49,50,59
直会　19,169,185,189,206,225,249
長柄の人柱　40,213
中沢新一　48
中路正恒　250
中村生雄　15,27,28,56,57,130,131,140-145,162,251
中山神社(津山市)　41,52,60,78,150,151,245,247
中山太郎　42,43,48
肉食禁忌　13,157,159,160,162,197-200,221,248,250
西宮神社(西宮市)　198
『日本霊異記』　156,161
農耕社会　200,222,227,229,230,232,251-253
野里住吉神社(大阪市)　112-115,124,126,192
野々部左門　83,85
野々部茂富　88
野本寛一　247

は　行

橋姫　214
裸祭　50,244
蜂須賀常栄　88
蜂須賀主水定房　68,69,88
初午祭　114,190
浜松歌国　132,193
鱧切祭　121,150,245
早太郎伝説　111,244
原田信男　158,159,164,197,199,250,251
『播磨国風土記』　10,196
肥後和男　143,189
人形　166-169,186,188,189,193,195,204-206
人形御供　132,166-169,171,173-175,184-190,195,196,198,200,226
一目小僧　17,18,20,25-28,35,46,47,228
人柱　20-22,25-27,29,35-42,44-49,52,54,78,107,108,202,207-209,211,213-215,217,250
ヒトミゴクウ　190
平林章仁　239
広田御狩り神事　198
藤木久志　216
巫女　117,118,130,191,194,195,229
フレーザー, J.G.　18,43
別宮神社(敦賀市)　123,124,126,136,215,216
蛇祭　134,166,171,173,182,185,246

56,58,60,75,107,108,168,207
香取神宮(千葉県)　9,11
カニバリズム　19,21,22,30,48,169
神の嫁　117,118,129,191,253
神野善治　167,204
鴨羽盛　9,11
仮女房　109-112,115,116,128,245
神主殺し　18,20
菊岡沾凉　60
菊池勇夫　247
喜田貞吉　39
祈年祭　226
供犠(論)　15,16,25-29,35,42,47,204,205,238,243,251
久下隆史　245
葛巻範夫　148,247
首狩り儀礼　224,225,251,252
供養塚　147-149,152,153,233,235,236
喰らう神　137,144,145
黒板勝美　37-41,239
皇居の人柱　28,35-39,45,217
合田濤　251
御供所神事　134,166,169,173,186,246,249
後藤守一　44,45
小松和彦　129,207,210
コルバン,アラン　231,232
コロボックル　32-34
『今昔物語集』　41,52,61,103,106,107,118-120,122,150,156,205,213,218,245

さ　行

西郷信綱　120-203,218,220,245
酒井神社(大津市坂本)　134,175-178,182,193,246,249
さよ姫　209,211,215
猿神退治　150,151
沢田八幡神社(篠山市)　121,150
猪掛祭　150
倭文神社(奈良市)　134,166,171,173,182,185,246
しっぺい太郎伝説　111
樹下神社(大津市)　116
狩猟(民)　12,154,155,162-165,196-198,220,227,247,248,252,253
殉葬　29,42,44,46,239
食人　14,15,25,28-35,42,46,53-58,169,238
白井光太郎　30
ジラール,ルネ　15,205
銀鏡神社(宮崎県)　9,12,13
神男　50-52,100,240,241
神人共食　186,225,226,249,251
新谷尚紀　244,245
神鹿祭　151,245
菅江真澄　10,157-159
菅原兵明　116,245
椙尾神社(鶴岡市大山)　109,111,114,115,124
スケープゴート　67,95
諏訪信仰　155,162,163
諏訪神社(花巻市葛)　147-149,153,155,159,160,163,221,248
諏訪大社(諏訪市)　10,155,162,196,226
諏訪大明神　148,151-153,162,248
諏訪の勘文　162,163,165,248
殺生(罪業)　147,150,155-165,196-200,219,221,222,224,230,248,252

た　行

大饗祭　9,11
第三項排除　95-97,138,184,203-205
松明まつり　223
高木敏雄　33,106,108,207
高千穂神社(宮崎県高千穂町)　150
高橋統一　187
高橋梵仙　234
高山純　238

索　引

あ　行

赤坂憲雄　27,28,138-140,184,185,202-207,210,243
阿蘇神社(熊本県一の宮町)　116
天野信景　61,76-79,81,90
蛙面坊茶町　93
アレンズ,W.　53
イオマンテ　220,250
池上洵一　247
生贄(イケニエ)　12,13,16,25,29,41,42,44,46-48,52,56,60,78,106,107,111,118-122,129,139,150-153,165,200,202,203,205-208,212-214,218-227,229,230,236,242,245,250,252,253
異人(論)　206,207,209,210,214-217
『出雲国風土記』　228
一時上臈　128,129,132-136,145,193,194
イチヒェ儀礼　223
一夜官女神事　112,113,124,126,127,192
伊藤幹治　187
伊藤ていじ　217
稲作(農耕)　12,154,155,165,166,187,196,197,199,220,222,223,248,250,253
稲田姫(神事)　51,63,64,89,241
稲荷神社(敦賀市山)　114,115,190
今村仁司　95,97,138,184,205
入江英弥　240
岩井宏実　116,181,249
岩清水八幡宮　220
岩見重太郎　112
宇佐八幡神社(鳴門市撫養町)　114,115,127,190,192
『宇治拾遺物語』　61,76,103,106,150,213,221
菟足神社(愛知県小坂井町)　121
宇野円空　196,223,251
梅内祐訓　157
上井久義　57,114,117-125,136,191
エヴァンズ＝プリチャード,E.　16
疫神(送り)　167,168,204
猿猴庵南志　94
王殺し　18
太田陸郎　245
犯す神　137,141-143,145
尾張大国霊神社　49,50,59,62,73,74,78,96,101,103,109,137,203,240,241,243
『尾張国風土記』　79,242
『尾張名所国会』　64,65,90,94
大林太良　220
大山犬まつり　109,110,112,114,116,124
大類伸　39
岡太(田)神社(西宮市)　132,133,136,145,193-195,197-199,250
岡部隆志　223
おごく　114,115,127,190,192
オコナイ　177,179-181,183,185,193,198,249
おこぼまつり　134,175-178,182,193,246
オダイモク　176-178,246
オナリ　42,43
折口信夫　117,118,129,130,191,219
おんだ祭　116
恩智神社(八尾市)　134,166,169,173,186,246,249
御頭祭　10,11,226,229

か　行

春日直樹　14,15,22,57,58,102,251
風祭　121,213
加藤玄智　18,19,22,26,33,34,39,41,42,48-

新装版へのあとがき

『神、人を喰う』の初版から二〇年が経つ。その間に多くの読者に読まれ続け、一〇刷まで重版された。そして、このたび、新装版として出版していただけることになった。読者のみなさまと新曜社様には心から感謝申し上げたい。

本書の刊行の後、供犠の研究については、人柱を中心に行ない、「人柱の思想・序論」（中村生雄・三浦佑之・赤坂憲雄編『狩猟と供犠の文化誌』森話社、二〇〇七年）、および、「人柱と祟り」（科学研究費補助金研究成果報告書『東アジアにおける人と自然の対抗／親和の諸関係にかんする宗教民俗学的研究』二〇〇七年）にまとめた。

ただ、その後私は、大学勤務を辞め、生まれ育った沼津に戻り、介護の仕事を始めたため、残念ながら供犠の研究は続けられなくなった。

では、供犠とは全く無関係の世界にいるのか。本書を久しぶりに読み返しながら、実は、決してそうではないと思うようになった。供犠を、儀礼的に暴力を発現させる場ととらえるなら、今、私が生きている介護の世界は、社会からの差別や非難に常に曝され、また一方、内にはいつ発現するかわからない生々しい暴力性も内在する、暴力とは切っても切り離せない場所であると思えるのである。

「障害者は不幸を作ることしかできない」という理由で一九人の入所者が殺害された相模原事件、LGBTや生活保護受給者の方へのバッシング、社会保障費の増大を「高齢者優遇」とみなす著名人の意見への圧倒的な支持など、現代社会には、生産性があることにのみ存在価値を認める風潮が根強くある。

また、高齢者の介護を家族内の私的出来事から誰でも受けられる公的サービスを利用することへと開いていこうとした介護保険制度も、介護を受けなくても健康に過ごせるようにという介護予防、認知症予防や自立支援、重度化予防へとどんどんと重点がシフトしていっている。つまり、介護を受けるようになったのは予防のための努力を怠った本人の自己責任だと見なされるようになっているのである。

そんな社会の認識は介護を必要とする高齢者に内面化され、彼らは、「迷惑をかけたくない」「迷惑をかけるようになったらおしまいだ」と自分を責め続けている。それはまさに暴力と言わずしてなんと言おうか。

あるいは、人と人とがぎりぎりのところで向き合い、つながり合っている介護現場では、無意識のうちに、そして突発的に、相手を傷つけたり、排除したりという方向へとベクトルが動きかねない危うさが常にある。家族や介護職員による高齢者への虐待だけでなく、高齢者や家族から突然介護職員に向けられる剥き出しの暴力も近年問題となっている。また、私自身も、そこに集う人たちみんなにとって、心地の良い居場所となるようにと人と人とのつながりを密にしてきたがゆえに、そこから排除される人を作ってしまうという、場や私自身のもつ暴力性に直面する経験をしている（これらのことは、コロナ禍に起きた出来事として、近刊『それでも私は介護の仕事を続けていく』KADOKAWA に記している）。

私は、『神、人を喰う』の新装版出版を機会に、供犠を通して、社会的な暴力や自分自身に内在する暴力に向き合おうとした原点に再び還り、そこから改めて、今私が生きる介護の世界を見つめ直してみたいという思いを強くしているところである。

そして、新装版として新たな出発を遂げる本書が、読者のみなさまにとっても、暴力ということに向き合いながら生きていく、そのための一助になれば嬉しく思う。

二〇二三年六月　沼津の実家にて

六車由実

著者紹介

六車由実（むぐるま　ゆみ）

1970年，静岡県生まれ。

大阪大学大学院文学研究科修了。東北芸術工科大学東北文化研究センター研究員，同大学准教授を経て，現在，静岡県沼津市にあるデイサービス「すまいるほーむ」に管理者として勤務。文学博士。社会福祉士。介護福祉士。民俗思想論専攻，最近は介護民俗学を提唱。

2003年，本書『神、人を喰う』でサントリー学芸賞を受賞。

主論文：「人身御供と祭」（『日本民俗学』220号，第20回日本民俗学会研究奨励賞受賞）。

著書：『それでも私は介護の仕事を続けていく』（KADOKAWA，2023年），『介護民俗学という希望――「すまいるほーむ」の物語』（新潮文庫，2018年），『驚きの介護民俗学』（医学書院，2012年。第20回旅の文化奨励賞受賞，第２回日本医学ジャーナリスト協会賞大賞受賞），『いくつもの日本Ⅳ　さまざまな生業』（共著，岩波書店，2002年），『狩猟と供犠の文化誌』（共著，森話社，2007年）。

新曜社

神、人を喰う　新装版
人身御供の民俗学

初 版 第１刷発行　2003年３月31日
新装版第１刷発行　2023年８月25日

著　者　六車由実
発行者　塩浦　暲
発行所　株式会社　新曜社
〒101-0051
東京都千代田区神田神保町3-9　幸保ビル
電話（03）3264-4973（代）・FAX（03）3239-2958
e-mail　info@shin-yo-sha.co.jp
URL　https://www.shin-yo-sha.co.jp/
印刷所　星野精版印刷
製本所　積信堂

ISBN978-4-7885-1821-6 C1039